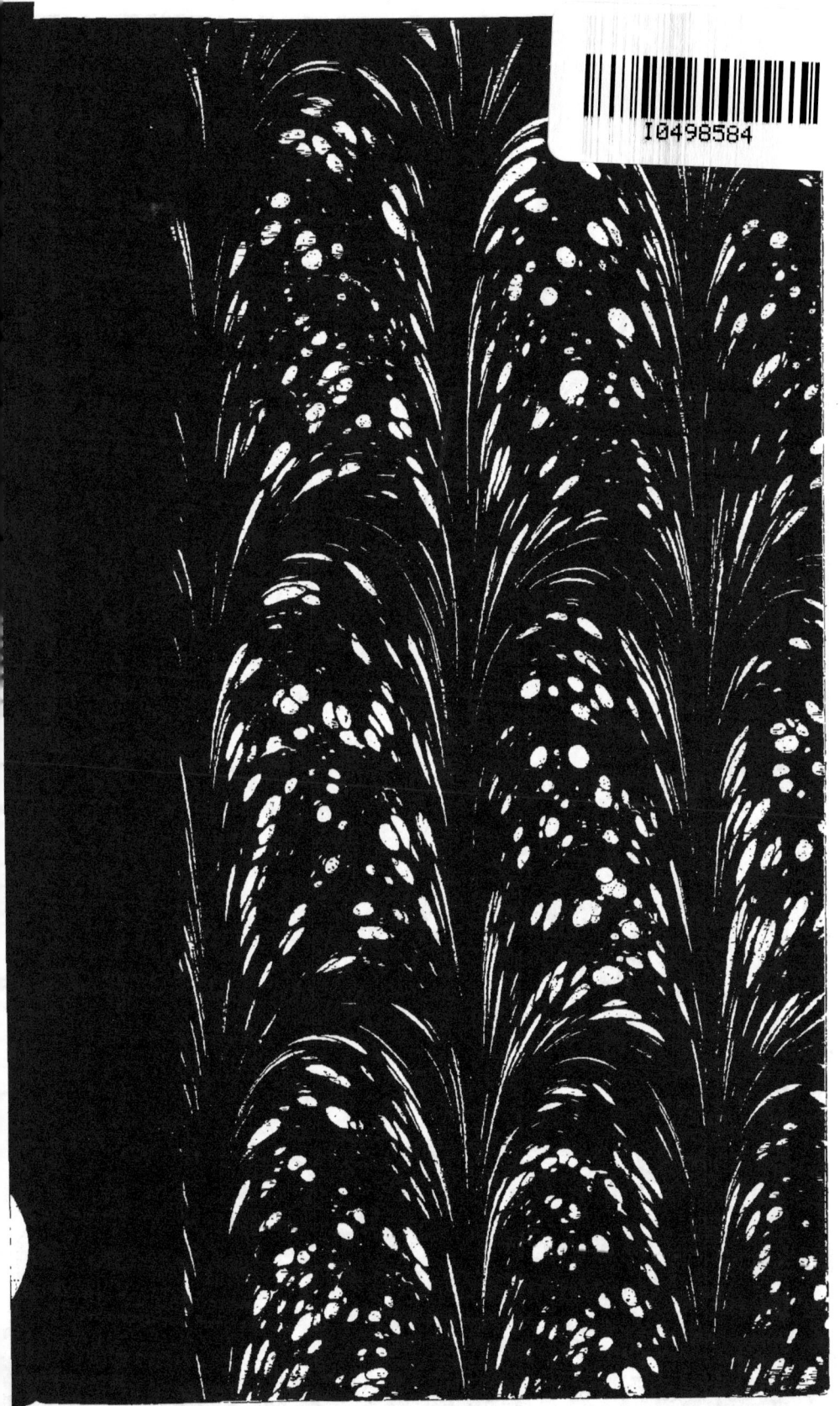

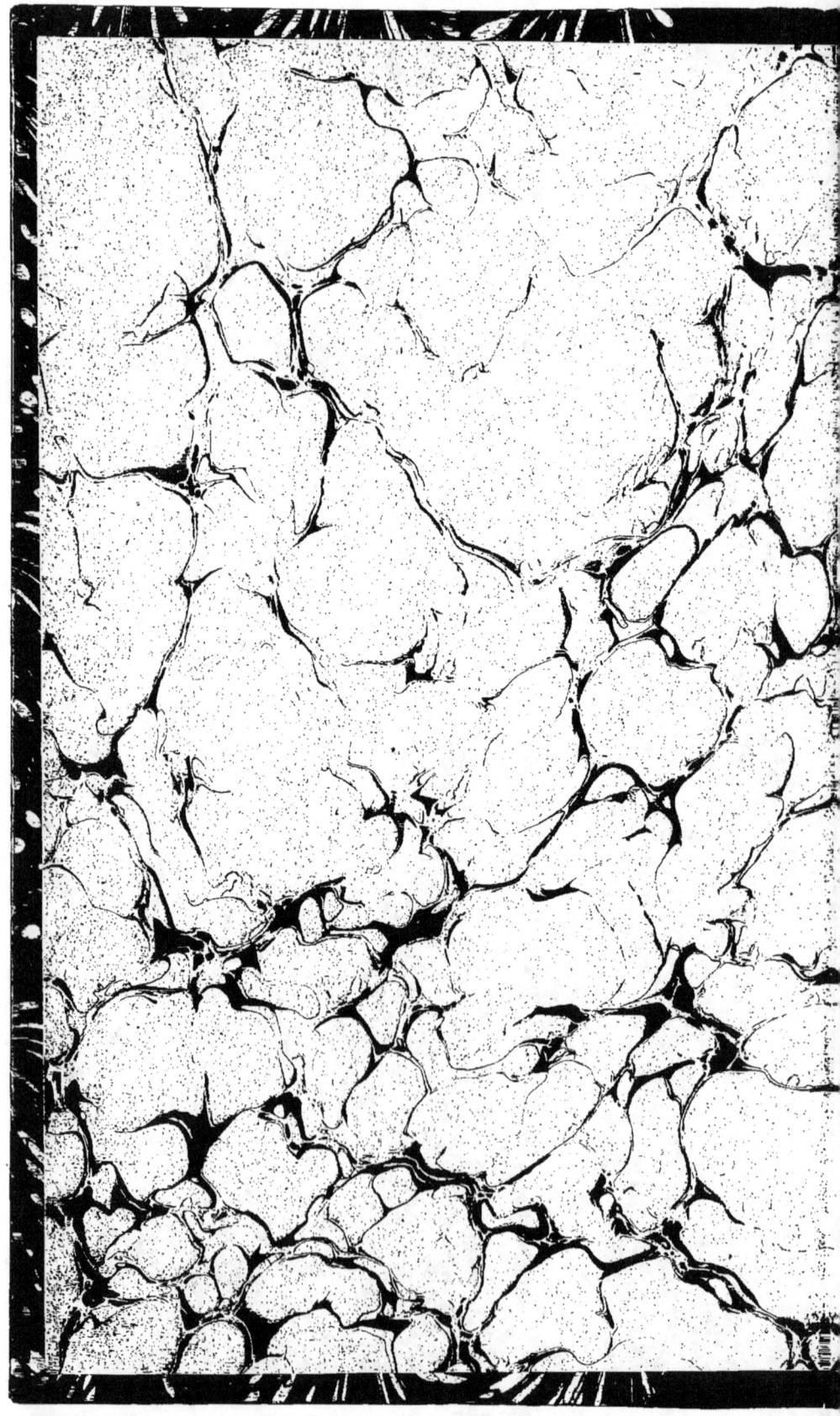

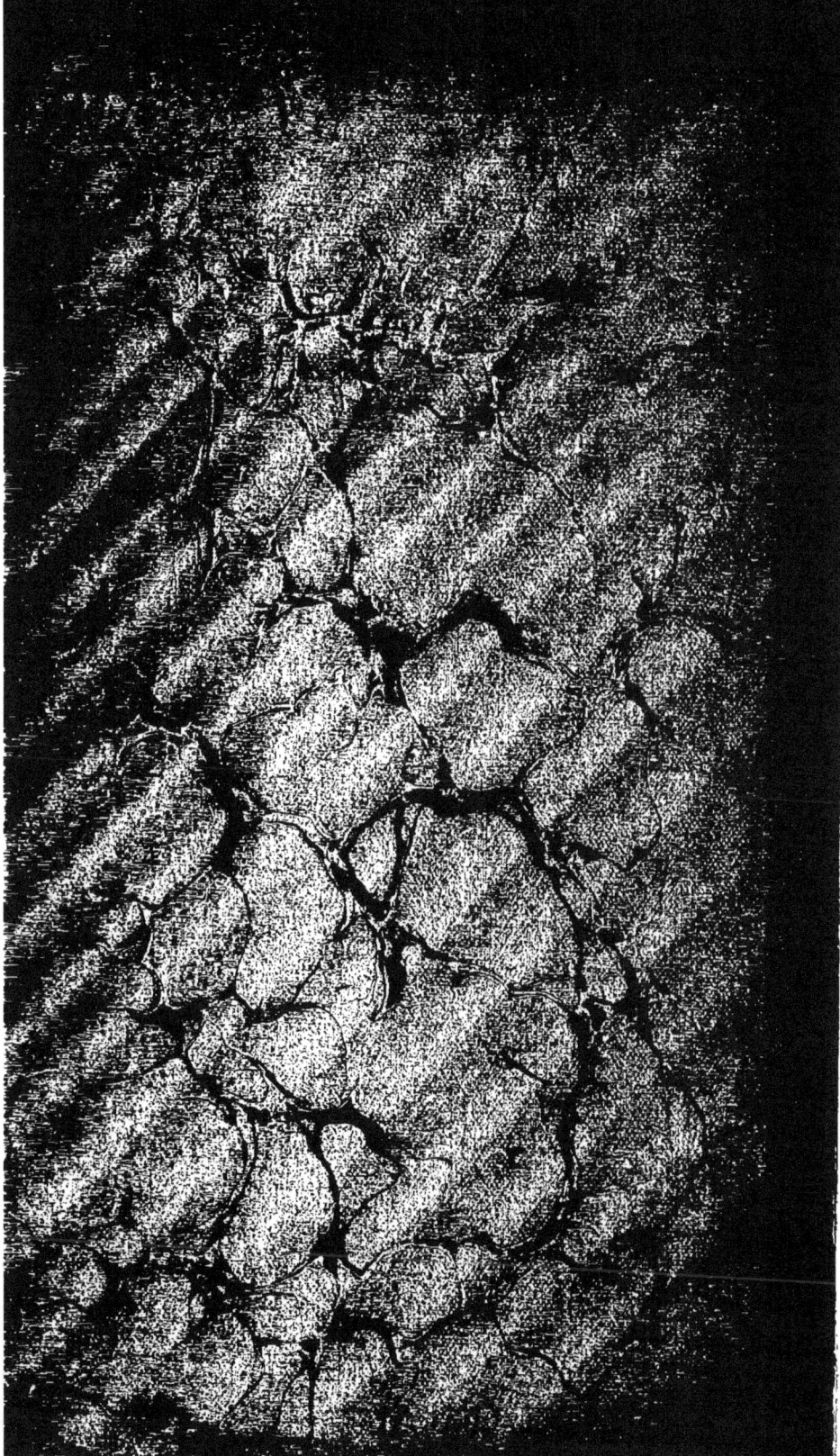

LA STROMATOURGIE

DE

PIERRE DUPONT

SOCIÉTÉ DE L'HISTOIRE DE L'ART FRANÇAIS

LA STROMATOURGIE

DE

PIERRE DUPONT

DOCUMENTS RELATIFS
A LA FABRICATION DES TAPIS DE TURQUIE
EN FRANCE AU XVIIe SIÈCLE

PUBLIÉS PAR
Alfred DARCEL
ADMINISTRATEUR DE LA MANUFACTURE NATIONALE DES GOBELINS
MEMBRE DU COMITÉ DES TRAVAUX HISTORIQUES

ET

Jules GUIFFREY
ARCHIVISTE AUX ARCHIVES NATIONALES
MEMBRE DU COMITÉ DES TRAVAUX HISTORIQUES

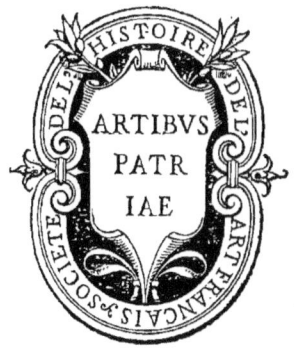
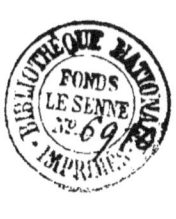

PARIS
CHARAVAY FRÈRES, LIBRAIRES DE LA SOCIÉTÉ
4, RUE DE FURSTENBERG

1882

PRÉFACE.

La *Stromatourgie* est un traité de la fabrication des tapis, publié en 1632 par un certain Pierre Dupont qui se dit l'inventeur de cette industrie en France.

Ce traité, divisé en quatre chapitres, ou parterres, ainsi que les intitule l'auteur, explique ce que signifie son titre, dérivé du grec, fait l'historique de l'art des tapis, enseigne leur fabrication, et raconte enfin comment Pierre Dupont présenta au roi ses essais et en reçut un logement au Louvre avec un privilège exclusif de fabrication.

De l'édition originale on ne connaît aujourd'hui qu'un seul exemplaire, c'est celui qui appartient à la Bibliothèque nationale où il est justement conservé dans la Réserve des imprimés[1]. Il consiste en un petit in-4° de 40 pages, orné des armes parlantes ou plutôt de l'emblème de Pierre Dupont: un pont dont les deux arches traversent un torrent, sous deux étoiles, avec cette devise: *Mediis tranquillus undis* et son monogramme formé de deux P majuscules adossés et combinés avec deux Δ dont l'un est renversé.

Ce livre qui se vendait dans la Galerie du Louvre, en la maison de l'auteur, dut être tiré à un très petit nombre d'exemplaires, car, dès l'année qui suivit sa publication, Pierre Dupont en prépara une seconde édition dont une

---

1. N° V, 1901, 2.

copie manuscrite existe aux Archives nationales[1]. Commencé en 1633, ce travail ne dut être achevé qu'en 1637, car il renferme des pièces datant de cette année. Il ne dut pas non plus être livré à l'impression, car, outre qu'aucun exemplaire n'en est signalé, son contenu le rend d'une lecture insupportable.

Absolument conforme à la première dans tout ce qui y est essentiel, cette seconde édition ne devait en différer que par la dédicace et par l'addition de trois volumineux *Factums*. La dédicace de l'édition originale était adressée au garde des sceaux Charles de l'Aubespine qui, étant tombé en disgrâce précisément pendant l'année 1633, se vit substituer, dans le manuscrit, Pierre Séguier, son successeur, avec un hommage autrement rédigé.

Quant aux *Factums* ajoutés par Pierre Dupont à la suite de ce qu'il appelle son quatrième Parterre, en avant de l'Élégie qui, dans les deux cas, termine le volume, ils se composent d'une réunion formidable de mémoires, de pièces de procédure, d'arrêts, de lettres-patentes, etc., abondants en redites.

Puisque nous voulions remettre au jour la *Stromatourgie*, fallait-il profiter du travail préparatoire de Pierre Dupont, et publier son manuscrit tel qu'il nous l'avait laissé ? Nous n'avons pas cru devoir le faire. Après avoir lu tout ce qu'il avait ajouté à son livre, nous avons été persuadés que personne n'aurait le courage de nous imiter. Malgré le goût de nos contemporains pour les documents, il ne nous a pas semblé qu'ils fussent d'assez robuste appétit pour digérer ceux que nous leur aurions servis et nous avons voulu réserver cette publication intégrale à nos neveux, s'il s'en trouve pour croire leurs lecteurs capables de supporter l'ennui des incessantes et inutiles redites des additions dont il s'agit.

---

1. Collection Rondonneau. Dans la série cotée *Matières*, au mot : *Tapisseries*.

Non pas qu'il ne s'y trouve des pièces très intéressantes et qui méritent d'être connues. Aussi nous sommes-nous arrêtés au parti qui nous a semblé le plus sage : celui d'analyser d'abord toutes ces pièces. Elles feront connaître les tribulations d'un pensionnaire du roi Louis XIII, poursuivant longtemps en vain le paiement de ce que lui avait accordé le roi Henri IV, et uni avec un associé pour obtenir l'établissement régulier de cette pension commune à tous deux, tandis qu'il luttait en même temps contre cet associé qui voulait en accaparer à lui seul le bénéfice.

A cet égard, ce volumineux fatras d'un tas de pièces de procédure présente un certain intérêt, d'autant plus que l'histoire des commencements de la manufacture des tapis en France, établie à la Savonnerie, s'y trouve mêlée.

Après avoir raconté ces commencements d'après les pièces dont il s'agit, et donné un aperçu du peu que l'on sait sur la fabrication des tapis sarrazinois en France avant le xviie siècle, nous avons cru devoir publier la *Stromatourgie* d'après l'imprimé de la Bibliothèque nationale, avec toute la fantaisie de son orthographe et de sa ponctuation, et la faire suivre d'une ANNEXE.

Cette annexe comprend d'abord la seconde dédicace à Pierre Séguier, puis toutes les pièces ajoutées par Pierre Dupont, en vue de la nouvelle édition de son livre, publiées suivant leur ordre chronologique et, d'après leur intérêt, soit in-extenso, soit par extraits, soit simplement analysées, ou réduites même à leur titre, et nous craignons d'en avoir encore trop mis au jour.

Nous y avons ajouté quelques documents relatifs aux successeurs de Pierre Dupont et de son associé, Simon Lourdet, suite nécessaire de ce que lui-même avait réuni. Nous aurons ainsi fait connaître tout ce qui est relatif à l'établissement de la manufacture de la Savonnerie sur laquelle il n'existe encore aucun travail spécial.

INTRODUCTION.

I.

Pierre Dupont, qui se dit l'inventeur ou plutôt l'introducteur en France de la fabrication des tapis à la façon du Levant[1], était né à Paris antérieurement à l'année 1577. C'est pendant le siège de Paris, c'est-à-dire entre le jour des Barricades, date du départ du roi Henri III (13 mai 1588), et l'entrée du roi Henri IV (1594), qu'il « s'adonna de lui-même à plusieurs occupations et principalement en la manufacture des tapis de Turquie et autres ouvrages du Levant, qui se font avec l'aiguille, desquels il inventa les outils et la vraie méthode. » Ainsi il aurait réinventé, alors qu'il n'était âgé que de 11 à 17 ans environ, ce que pratiquaient depuis des siècles les fabricants orientaux de tapis.

Ceci est difficile à croire, et il semble que le jeune assiégé devait avoir reçu de l'un des survivants de l'ancienne corporation des tapissiers sarrazinois, qui existait à Paris dès le temps de saint Louis, quelques notions

---

1. Il se dit plus que sexagénaire dans le troisième de ses *Factums* qui doit être de l'année 1637.

de l'art auquel sa persévérance donna un développement nouveau.

Si les malheurs de la guerre de Cent ans, en apportant des obstacles à l'introduction des tapis d'Orient, avaient fait perdre le goût de ces derniers, ralentissant en même temps l'activité des ateliers qui les imitaient ou qui s'en inspiraient en France, il est possible que le développement du commerce, permettant au XVIe siècle une entrée plus facile de ces mêmes tapis, les ait fait revenir à la mode et ait du même coup réveillé un art qui sommeillait.

Ce qui le ferait croire, c'est qu'à la même époque où Pierre Dupont prétendait avoir inventé l'art des tapis d'Orient, un autre se présentait aussi au même titre et sollicitait pour le même objet les mêmes privilèges. Cet art était donc connu par la tradition qui s'en était perpétuée depuis le XIIIe siècle jusqu'aux commencements du XVIIe.

Les statuts des tapissiers de tapis sarrazinois, qui, enregistrés de 1258 à 1268, existaient déjà à l'état de coutume du temps de Philippe-Auguste, ne nous apprennent rien, malheureusement, sur le genre de fabrication dont ils réglaient les conditions. Ils nous disent seulement que « leur mestier n'apartient qu'aus yglises, et aus gentishommes et aus hauz homes, comme au Roy et à comtes, » et que chaque maître ne peut avoir qu'un seul apprenti qu'il ne doit pas garder moins de huit ans à son service, et de fait il ne faut pas moins de huit ans pour faire un bon tapissier en tapis avec les modèles d'aujourd'hui ; que nulle femme ne peut y être occupée, parce que le métier est trop pénible (greveus) ; qu'on n'y doit point travailler de nuit, parce que la lumière de nuit n'est pas suffisante, et qu'enfin on n'y doit employer que du fil de laine, retors, bon et loyal [1].

Si la qualification donnée aux ouvriers de ce métier doit faire supposer que leur industrie s'appliquait à la fabrication des tapis à la façon des Sarrasins, c'est-à-dire des Orientaux, un terme usité encore aujourd'hui par les tapissiers en tapis de la manufacture des Gobelins nous confirme dans cette opinion. C'est que le nœud qui fixe l'assemblage de brins de fil de laine formant le velours du tapis y porte le nom traditionnel de « point sarrazin. »

En même temps que les statuts des ouvriers en tapis sarrazinois, le prévôt de Paris, Etienne Boileau, enregistrait ceux d'une autre corporation, celle « des tapissiers de tapis nostrez, » qui, ainsi que leur nom l'indique, fabriquaient des tapis du pays, à la façon de l'Occident [2].

---

1. G.-B. Depping : *Règlements des arts et métiers de Paris*, dans la collection des *Documents inédits*, p. 126 et suivantes.

2. Le mot *nostrez* se retrouve dans les *Comptes de l'Argenterie des rois de France*, publiés par M. Douët d'Arcq (pp. 160 et 393), avec la forme *nottrez* qui lui est identique d'après l'habitude qu'avait le moyen âge d'adoucir la prononciation de deux consonnes consécutives en remplaçant la première par le doublement de la seconde.

Or, dans ces Comptes, ce mot qualifie des peaux de lapin qui figurent au milieu d'autres fourrures et les semble qualifier en indiquant que ce sont des lapins du pays, des lapins nôtres.

Léon de Laborde cite (GLOSSAIRE, au mot *Tapis nostrez*) un tarif de Paris de 1296 où les « connins (lapins) nostrez d'Auvergne et de Provence » sont taxés avec les lièvres d'Allemagne ; et un acte de bannissement prononcé en 1427 contre un drapier « pour ce qu'estant drapper de laine englesque (anglaise) s'est ensonnié de faire drapper de laines nostrez. »

Nostrez enfin semble l'équivalent du latin *nostrates* que nous trouvons précisément employé au xie siècle à propos d'un tissu appelé tapis.

En l'année 1025, Léon, évêque de Verceil, écrit à Guillaume V, duc d'Aquitaine, prince lettré qui faisait de fréquents voyages

Ces tapis étaient beaucoup moins précieux que les précédents. D'abord on avait la faculté de les colporter les jours de marché; chaque maître pouvait avoir autant d'ouvriers qu'il lui plaisait et de plus douze apprentis dont le service était de quatre ans.

Aucune interdiction n'est faite dans les statuts relativement au travail de nuit. Si l'emploi du fil de laine bon et loyal est prescrit, sauf pour le chef des pièces, on voit par une ordonnance de 1342 qu'on employait parfois le poil de vache, car cette pratique est prohibée.

Enfin, un article d'une rédaction très embrouillée semble indiquer que le tissu dont il s'agit, quel qu'il fût, était de largeur variable, variable selon le nombre de lés que l'on devait assembler afin de former un grand tapis. Les petits devaient n'être que d'un seul lé. Mais ceux de douze lés devaient avoir une aune ou 4/4 pour chaque lé : ceux de 16 lés étaient de 5/4, et enfin ceux de 24 lés admettaient de 6/4 à 8/4, soit une aune 1/2 à 2 aunes, toujours pour chaque lé; condition bizarre

---

à Rome : « *Mitte mihi mulam mirabilem, et frenum pretiosum,* « *et tapetum mirabile, pro quo te rogavi ante sex annos.* »

Guillaume lui répond la même année, et, après avoir plaisanté sur les qualités phénoménales de la mule merveilleuse qu'il demande, il promet de lui en envoyer une des meilleures qu'il pourra trouver en sa patrie, renommée déjà apparemment pour la qualité de ses mules, avec un frein précieux, et il ajoute :

« *Ceterum tapetum possem tibi mittere, nisi fuissem oblitus* « *quantæ longitudinis et latitudinis tapetum jamdudum requi-* « *sisti. Rememora ergo, precor, quam longum et latum esse velis;* « *et mittetur tibi, si invenire potuero. Sin autem, jubebo tibi fieri* « *quale volueris, si consuetudo fuerit illud texendi apud nostra-* « *tes.* » (Rerum gallicarum et francicarum scriptores. T. X, 501 *b* et 484 *c*.)

S'agit-il d'un caparaçon pour couvrir la mule, d'un tapis ou d'une tapisserie ? La lettre n'est point assez explicite pour qu'on puisse rien affirmer.

assurément et qui pourrait faire admettre une autre explication. C'est que tous ces tapis de largeurs variables étant « tout d'un lé, » c'est leur longueur, mesurée en lés, qui était en relation directe avec leur largeur, et qu'ainsi un tapis de 1 aune ou 4/4 de large devait avoir 12 lés ou 12 aunes de long : que celui de 5/4 devait avoir 16 lés de long ou 20 aunes, et qu'enfin on pouvait admettre de 6/4 à 8/4 pour ceux de 24 lés de long, soit de 36 à 48 aunes [1].

Ces tapis ne pouvaient-ils pas, par opposition aux tapis sarrazinois, ou veloutés, être des tapis ras, fabriqués absolument comme on fabrique la tapisserie, et comme la mode les avait adoptés au commencement de ce siècle, sous le nom de tapis d'Aubusson ?

Peut-être les quatre tapis appelés marchepiés semés de lions noirs qui appartenaient, en 1418, à la cathédrale de Cambrai [2] étaient-ils de ce genre. En tous cas ils étaient occidentaux, quelle qu'en fût la nature : sarrazinois ou nostrez.

Enfin l'introduction, bien que prohibée, des poils de vache dans la composition de ces tapis fait songer à ceux que l'on fabrique encore ainsi dans le midi de la France, et qui, étroits et de couleur brune, y sont employés comme chemins courants ou servent à former des tapis communs auxquels le jars de la laine donne un aspect

---

1. « Chascune maniere de tapis nostrez doit estre tout d'un lé ; ce est à scavoir petits tapis : tapis de douze lès sont d'une aune de lè, et tapis de sèze lez sont de v quartiers, et tapis de xxiiij lez sont d'une aune et demi de lè, et de vij quartiers et demi de lè, et de vij quartiers de lè et de ij aunes de lè. »

2. « Pour reffaire les iiii tapis appielés marchepiés que sont semés de noirs lyons, xxx s. » — J. Houdoy. *Comptes de la cathédrale de Cambrai*, p. 179.

pelucheux lorsqu'ils sont neufs. Fabrication assez florissante jadis et qui tend à disparaître.

Si nous considérons les tapis nostrez comme de simples tissus, dans lesquels la navette court d'un bord à l'autre et peut cependant être chargée de laines de couleurs différentes, afin de produire certains effets, ne doit-on pas considérer comme étant de cette espèce ceux que cite l'inventaire de Jehan Bonnet, évêque de Senlis, en 1496 : Un tapis à mettre sur table, ryollé [1], piollé [2] ?

Quel qu'ait été leur genre d'industrie, vingt-quatre tapissiers furent recensés en 1292 [3]. La moitié environ habitait la paroisse de Saint-Germain-l'Auxerrois, à proximité du Louvre, et la majorité du reste résidait sur la paroisse de Saint-Leu-Saint-Gille, dans les rues qui avoisinaient la Trinité où Henri II établit précisément la première fabrique royale de tapisserie dans Paris.

Sur ce nombre on trouve deux femmes, dont une habite avec son fils; ce doivent être des tapissières en tapis nostrez, puisque les statuts du métier ne semblent pas leur interdire cette industrie. Il est à noter que l'une de ces deux *tapicières* est taxée à 6 livres, tandis que le *tapicier* le plus imposé l'est à 70 sols ou 3 liv.

---

1. Rayé (Furetière et Ménage).
2. Ponctué (Ménage).
3. H. Géraud : *Paris sous Philippe le Bel*. Les tapissiers à cette époque, qu'ils fussent ou fabricants de tapisseries, bien que ceux-ci n'apparaissent officiellement dans les règlements des métiers qu'en 1302, ou simplement gardes des tapisseries, ainsi qu'on en voit dans les Comptes des rois de France, ou fabricants de tapis, quelle qu'en soit la nature, se distinguaient des *coustepointiers*, faiseurs de courtepointes, des *coustiers*, fabricants d'objets de literie, et des *huchiers* ou fabricants de meubles.

— XI —

10 s. seulement, et que les autres impositions descendent jusqu'à 12 deniers[1].

Il est assez difficile de déterminer quels étaient les tapis qui sortaient des ateliers des tapissiers sarrazinois. Les citations extraites des romans et même des pièces de comptabilité sont en général de peu de valeur, tant, au moyen âge, la précision dans les termes est une chose rare.

L'inventaire du mobilier de Charles V, fait en 1379, appelle « tappiz à ymages » ce qui est évidemment tapisserie, puisque le chapitre d'« autre tappisserie d'armoirie » vient immédiatement après. Il ne donne sur les « tappiz veluz » aucune autre indication que leur longueur et leur largeur. La première varie de 10 aunes à 1 aune 1/4, et la seconde de 3/4 d'aune à 2 aunes 1/2. Aucune ne semble rentrer dans les dimensions assignées par leurs statuts aux œuvres des tapissiers nostrez. Aussi croyons-nous volontiers que tous ces tapis velus, anonymes pour ainsi dire, puisqu'aucun motif d'ornement ne les différencie, sont orientaux.

Ils affectent la forme en longueur de tous ceux qui, non faits sur commande européenne, nous arrivent aujourd'hui d'Orient.

Un extrait de compte de 1389 contredit formellement l'opinion où nous sommes que les tapis sarrazinois sont des imitations plus ou moins lointaines des tapis velus d'Orient, et même que ce fussent des tapis, au sens que l'on donne ordinairement à ce mot.

1. La livre, qui était une valeur de compte, se divisait en 20 sols dont chacun était de douze deniers. Le sol parisis, d'après les évaluations de M. H. Géraud (*Paris sous Philippe le Bel*, p. 560), employait la quantité d'argent nécessaire aujourd'hui pour faire 1 fr. 14 c., toute appréciation de la valeur relative du métal étant mise de côté.

D'après cet extrait, « Jean de Croizetes, tapissier sarrazinois, demeurant à Arras, vend au duc de Touraine, pour l'hôtel de Beauté, un tapis sarrazinois à or de l'histoire de Charlemaine [1]. »

Dans un autre compte de l'année suivante, « Robert Poinçon, tapissier sarrazinois, demourant à Paris, (est payé) pour sa peine et sallaire et façon d'avoir fait de son mestier de tappisserie ij grans manches èsquelles a branches et cosses de genestes, et icelles mises et assises sur deux houppelandes... pour le Roi et le duc de Touraine [2]. »

Enfin une description de tapisseries exposées à Vienne par des marchands turcs, au xve siècle pour le moins, qualifie de tapisseries de Turquie trois tentures à personnages qui n'ont rien de turc, car l'une représente comment Vieillesse fut bannie de la cour de Vénus, la seconde est simplement « nommée de l'Honneur », la troisième représente en six pièces « la condamnation de Supper et de Banquet. »

Or, voici ce qu'en dit la description adressée à un duc de Bourgogne, fort probablement, par un de ses agents qui avait déjà rencontré à Venise les marchands turcs qui servaient d'interprètes à l'ambassadeur du Sultan :

« Cette tapisserie estoit belle et riche, toute de fin velours, entretissue en plusieurs lieux d'or fin, et si estoit entremeslée de plusieurs et divers personnayges hômes et fêmes, tous habillés moult richement à la façon turquoise qui étoit à nous chose bien nouvelle, et si

---

[1]. *Catalogue des archives du baron de Joursenvault*, t. I, p. 132. Un extrait du compte y est seul transcrit.

[2]. Archives nationales, KK. 21, p. 39, cité par M. Douët d'Arcq : *Bibliothèque de l'École des chartes*, t. XXXVII.

avoit plusieurs robes escriptes de lectres turquoises en langaige de Turquie, déclarans les noms d'iceulx personnayges et les beaulx misteres à ce pertinens [1]. »

De deux de ces textes il semble résulter que les tapisseries sarrazinoises ou de Turquie ne sont pas autre chose que des tapisseries ordinaires, à personnages, qu'elles aient été faites sur des métiers à hautes ou à basses lisses, peu importe.

Car tous deux parlent de l'emploi de l'or qui ne saurait entrer dans la composition des tissus entièrement veloutés parce que l'effet produit serait à peu près nul et sans rapport avec la dépense. Si le dernier dit expressément que les tapisseries de Turquie étaient « toutes de fin velours, » il est permis de voir dans cette expression le désir de différencier l'aspect pelucheux des parties de laine d'une tapisserie sortant du métier, de l'aspect lisse et sec des parties métalliques.

Maintenant l'auteur de la description ne croit-il pas turques les tapisseries qu'il recommande au « grand duc » son maître, soit pour qu'il les achète, soit pour qu'il en fasse exécuter de semblables par ses tapissiers, simplement parce qu'il y voit les orfrois des vêtements décorés de lettres pseudo-arabes comme on en rencontre sur toutes les œuvres figurées du xve siècle, quel qu'en soit le genre? Beaucoup s'évertuent même encore à vouloir en déchiffrer le sens.

---

1. *Les trois tapisseries de Turquie.* Ms. de la Bibliothèque nationale, fonds fr. 1193. Copie du xve siècle, publiée en partie dans une *Notice sur la tapisserie de Charles le Téméraire.* Nancy, sans date. Cette notice doit être de M. le comte François de Villeneuve, marquis de Trans, membre correspondant de l'Institut, auquel Achille Jubinal avait demandé des renseignements pour le chapitre sur la Tapisserie de Nancy dans son livre sur *Les anciennes tapisseries historiées.*

Il est vrai qu'à côté de ces inscriptions illisibles, on en rencontre très souvent de tissées en capitales européennes, parfaitement lisibles, qui expliquent le sujet et nomment les personnages. Les tapisseries exposées à Vienne en montraient de semblables, et il est singulier de voir que, si un contemporain ne savait les lire, il n'ait pu au moins en reconnaître les lettres, en quelque langue qu'aient été rédigées les légendes. Car nous nous refusons à croire que des Orientaux aient exécuté des tapisseries à personnages et surtout la *Condamnation de Banquet*, tapisserie du xve siècle qui nous est parfaitement connue.

Quant au compte relatif aux manches de houppelande, il paraît difficile qu'il puisse s'appliquer à un tissu aussi peu souple que l'est celui des tapis. Une tapisserie, pourvu que le tissu en fût très lâche et exécuté avec des fils d'une certaine finesse, conviendrait mieux : mais la pensée se porte involontairement vers une broderie exécutée par quelque brodeur en aumônières sarrazinoises.

Quoi qu'il en soit, dans aucun des textes que nous venons d'examiner il ne peut être question de tapis velus.

Voyons maintenant ceux qui pourraient s'y rapporter.

Un mandement de Mahaut, comtesse d'Artois et de Bourgogne, daté de 1310, et relatif également à des œuvres d'Arras, paraît différencier une tapisserie d'un tapis en désignant la première comme étant un « drap de laine ouvré de diverses figures » et l'autre « un drap ouvré en sarrazinois [1]. »

---

[1]. Archives du département du Pas-de-Calais, A, n° 284. Document communiqué par M. l'abbé Dehaisnes, archiviste du département du Nord.

Cette même expression nous semble ainsi traduite en latin dans un « Inventaire de la maison de ville et des champs de l'évêque d'Arras, » daté de 1322 : « *Unum marchipedum operatum in sarrachenum.* »

On voit de plus que cet article s'applique à un tapis de pied.

Mais un autre document nous paraît préciser l'œuvre sarrazinoise, car il vise des tapis velus fabriqués en Occident à cause des choses qui y sont figurées. C'est l'Inventaire du château des Baux, en Provence, rédigé en 1426[1].

Il y est question de onze tapis parmi lesquels nous notons les suivants :

« III tapis velus à long poil... aux armes de Beaufort.

— Un autre moult bon tapis de prime-poil, velu, verd, armoyé des armes de Baux sur un escu d'azur à une bande d'or dessous ledit escuchel et armes des Baux.

— Un autre moult et bel et moult bon tapis grand, de prim-poil aux armes d'Anjou.

— Un tapis velu à roses blanches.

— Un autre grand tapis rouge velu de prim-poil usé, aucunement ouvré de grans goules rouges et pers.

— Un autre tapis velu, blanc à barres rouges. »

Notons que dans cet inventaire quatre tapis sont expressément indiqués comme étant de Turquie, et destinés à être mis par terre bien qu'ils soient accrochés aux murs, et que les tapisseries sont indiquées sous le nom de tapis en draps de haute lisse.

L'or qui pouvait entrer dans la composition des armoiries présentait bien quelque difficulté et pourrait

---

1. *Revue des Sociétés savantes*, 6ᵉ série, t. VI, p. 142.

faire croire à des ornements brodés après coup, au cas où il n'aurait pas été exprimé par du jaune. Quant à la bande d'or qui orne l'un d'eux, il se peut que ce fût un galon cousu. Mais il n'en resterait pas moins les ornements, non orientaux, qui font corps avec ces tapis, et la distinction qui en est faite avec les tapis orientaux.

On trouve dans un inventaire de 1440 : « *Tria tapissa cum armis Burgundie et Flandrie;* » tapis dits d'Orient avec armoiries occidentales [1].

Enfin l'Inventaire de l'église et du château d'Amboise décorés, en 1494, à l'occasion du mariage de Charles VIII avec Anne de Bretagne, nous donne des indications précieuses en ce sens que les tapis orientaux y sont indiqués comme étant velus, et que les tapis velus avec un dessin particulier ne sont pas indiqués comme étant orientaux. Il est présumable que ces dessins qui consistent en roues appartiennent à des tapis européens [2].

Au xvɪᵉ siècle, enfin, un inventaire bizarre, car il parle le plus souvent de choses qui n'existent plus, nous donne un renseignement un peu précis. On y lit :

---

1. Vincent Promis, *Inventaire fait au XVᵉ siècle des meubles, ornements religieux, vaisselle, tapisseries empruntées par le pape Félix V à l'hôtel de la maison de Savoie.* In-8°, sans lieu ni date.

2. *Inventaire de l'église et du château d'Amboise* (Arch. nationales, KK. 332).

Chambre de tapisserie et tapis veluz.

A Guillaume Mesnager, marchand, demourant à Tours.

Pour 12 tappiz velus damasquins, au feur de 4 escus 1/2 la pièce.

— Et pour 6 tappiz veluz à trois roes, aud. feur de 4 escus 1/2 pièce.

— Pour 13 petiz tappiz damasquins gros...

— Pour 10 tappiz veluz à 3 roes...

— Pour 2 tappiz veluz damasquins...

— Et pour un grant tappiz de soy fine à la moresque, achapté de luy.

Art. 21. « Quant aux tappis veluz aussi qu'estoient demeurey par ledict feu seigneur et estoient oudict chasteal (de Lons-le-Saulnier), cela fut aussi brulé. Quelxcuns en avoient estez apportez par madicte dame de Nassaon avec les aultres choses cy devant et encoires d'autres que ma dame avoit fait faire ; ainsi n'y en a point de ceulx dudict feu seigneur céans [1]. »

Il semble résulter de ce texte, malgré l'embarras de la phrase, que plusieurs de ces tapis velus avaient été exécutés par ordre de la comtesse d'Orange, qui fait dresser l'inventaire, dans un pays qui ne pouvait être bien loin de la Franche-Comté, et qui était alors en Occident.

A défaut de documents écrits, les tableaux pourraient en donner de figurés. Mais tous les tapis que nous avons vus dans ceux des maîtres flamands du XVe au XVIe siècle sont absolument de caractère oriental, et ceux qu'ont représentés les maîtres italiens de la même époque s'en éloignent un peu. Ceux-ci, moins attachés à la réalité que les premiers, étaient bien capables d'imaginer les modifications qu'ils ont apportées aux types originaux.

Cette étude a été faite avec un grand succès, le crayon et le pinceau en main, et les reproductions qui en ont été le résultat ne donnent aucun motif qui soit franchement occidental [2].

---

[1]. *Inventaire des meubles de Jehan de Chalon, prince d'Orange, dressé en* 1532, par ordre de Philiberte de Luxembourg, sa mère. (Archives départementales du Doubs. — Communication de M. Eugène Gaultier au Comité des travaux historiques.)

[2]. Jules Lessing, *Modèles de tapis orientaux*, in-f°. Firmin-Didot. Paris, 1879. Traduction du *Alt orientalische teppichmuster nach Bildern und originalen des XV-XVI jahrhundert*. Berlin, 1877.

Quant aux tapis eux-mêmes, personne n'en aurait encore découvert aucun, si l'un des auteurs de cette nouvelle édition de la *Stromatourgie* ne croyait avoir vu un fragment de tapis velouté représentant un cygne avec quelques ornements qui lui ont semblé appartenir au xiv⁰ siècle. Toutes les recherches qu'il a faites pour le retrouver, lorsqu'il lui importait le plus de l'examiner, ont été vaines, de sorte qu'il n'a plus qu'un souvenir précis, bien que lointain, d'une œuvre de tapissier sarrasinois, à ce qu'il croit du moins.

Ces tapissiers sarrazinois qui, ainsi que les tapissiers de haute lisse et les tapissiers nostrez, étaient confondus en une même corporation avec les courtepointiers depuis l'année 1568, ne devaient plus guère travailler à cette époque, puisque deux hommes, dans les premières années du xvii⁰ siècle, se présentèrent comme restaurateurs de cette fabrication spéciale à Henri IV qui faisait alors de grands efforts pour relever et développer l'industrie française. L'un fut Jehan Fortier, qui n'est connu que par la demande d'un privilège ; l'autre est Pierre Dupont.

La « Commission consultative sur le fait du commerce général et de l'establissement des manufactures dans le Royaume, » instituée à Paris en l'année 1601, par lettres-patentes du roi, crut devoir approuver dans sa séance du 23 juillet 1604 les propositions de Jehan Fortier et le fit en des termes que nous retrouverons dans les actes relatifs à Pierre Dupont ; ils montrent les préoccupations de l'époque [1].

---

[1]. Bien que cette délibération de la Commission consultative du commerce et des manufactures ait été publiée dans la Collection des Documents inédits par M. Champollion Figeac (*Mélanges historiques*, t. IV, p. 211 et suivantes), nous avons cru nécessaire de la lui emprunter. La question sur laquelle

— XIX —

« Sur la proposition faite par Jehan Fortier aux commissaires depputez par le roy sur le faict du commerce, pour establir en ceste ville de Paris et aultres de ce royaume la manufacture des tapis de Turquie, querins [1], persiens et aultres de nouvelle invention embelliz de diverses figures d'animaux et personnaiges jusques icy incognues, sur laquelle, advant que passer oultre audict establissement, auroit, par lesdicts commissaires esté ordonné qu'il feroit des espreuves de son art et expérience : veu lesdites espreuves et patrons par luy faits desdicts tapiz, tant de la façon ordinaire qu'aultres de la nouvelle invention, présentez à Sa Majesté qui les a eus agréables... Lesdicts commissaires (ayant esgard à l'utilité que la France pourra recevoir de cette industrie, tant en l'espargne des deniers qui se transportent aux païs estrangers pour l'achapt des tapis de ces sortes et espèces, que pour l'occupation du peuple qui pourra y estre employé), sont d'advis, sous le bon plaisir de Sa Majesté et de Messieurs de son Conseil, qu'il est expédient d'admettre et retenir ledict Fortier pour establir en ceste ville de Paris ladicte manufacture des tapis de Turquie, querins et persiens, ensemble des autres de nouvelle invention et jusques à présent incognue aux peuples et ouvriers du Levant ; afin de les pouvoir rendre à leurs perfections par l'apprest nécessaire des estoffes [2], luy permettre de faire teindre, filler et tondre et laines et soyes, en la façon et selon qu'il jugera être requis pour employer èsdictes manufactures.

« Pour favoriser son industrie et luy donner moyen

on y statue touche de trop près, en effet, à celle qui nous occupe pour que nous ne les rapprochions pas le plus possible.
1. Du Caire.
2. Estoffe doit ici s'entendre de matière première.

d'en faire establissement, Sa Majesté sera suppliée luy donner la somme de trois mil livres, ou telle autre somme qui luy plaira, pour achepter les matières, faire faire et dresser les mestiers nécessaires, et le faire pourvoir de logis propres et commodes pour ladicte manufacture, gratuitement pour le terme de six ans, ou jusques à ce qu'il plaise à S. M. le loger avec les ouvriers des plus exquises manufactures, au lieu qu'elle leur a destiné; au nombre desquels elle ordonnera, si luy plaist, qu'il soit dès à présent receu sous le nom et qualité de tapissier ordinaire de Sa Majesté en tapiz de Turquie et façon du Levant, dont luy seront octroyées lettres, portantes permission, en ladite qualité, de pouvoir faire et façonner lesditz tapiz, sans qu'il soit permis aux maîtres tapissiers de ceste ville, ni aultres, ou ouvriers de quelque estat ou condition qu'ils soyent, le rechercher, troubler ni visiter ses ouvrages ou appretz de ses estoffes, sous couleur qu'ils pourroit trouver quelque chose qui despendroit de leurs arts et mestiers; le tout à charge que, pour la conservation de ladite industrie en ce royaume, ledit Fortier sera tenu de prendre des apprentiz françoys et non estrangers, jusques à tel nombre et pour tel prix qui sera estimé raisonnable par lesdits commissaires, ou aultres qu'il plaira à S. M.; lesquels il sera tenu rendre, dans trois ans du jour qu'ils luy auront esté baillez, suffisans et capables de travailler en son art, dresser mestiers pour en tenir boutique en ceste ville ou ailleurs, selon ses offres, ce qu'ils ne pourront faire néantmoins, quelque industrie qu'ils puissent avoir acquise, dans les deux ans prochains d'après leur apprentissage, sans le consentement dudit Fortier; ains seront tenus, si bon luy semble, le servir pendant lesdits deux ans comme compagnons, à prix et conditions raisonnables, avant de pouvoir estre maîtres ou tenir boutiques, ce qu'ils pourront faire lesdicts deux ans expirés ; et, pour conserver ladicte nouvelle manufacture en sa bonté et loyauté, qu'elle ne puisse estre exposée en vente, à peyne de confiscation, sans avoir premièrement esté visitée par ledict Fortier et scellée du sceau qui pour cest effect luy sera baillé, jusques à ce que par Sa Majesté ait esté plus amplement pourveu au règlement de ladite manufacture ; de l'invention et establissement de laquelle, afin que la France reçoive quelque évidente utilité, sera ledict Fortier tenu faire priz raisonnable de sa façon, sans qu'il ne les puisse vendre davantage que ceulx qui viennent des païs estrangers, se vendent à l'entrée du Royaume en icelle beauté et bonté. Et si, dans les six ans, il advenoit que ledict Fortier vint à décéder, en ce cas sa veufve et ses enfans continuant ladicte manufacture joyront du bénéfice du privilège, tout ainsi que si ledict Fortier étoit vivant. »

On ne trouve pas qu'aucune suite ait été donnée aux propositions de Jehan Fortier qui disparaît complètement lorsque l'auteur de *la Stromatourgie* entre en scène pour y rester longtemps, grâce à sa ténacité.

Il ne serait pas impossible cependant que J. Fortier ait eu connaissance des démarches que P. Dupont faisait auprès du roi et des titres dont il se prévalait. En effet on trouve sur la marge de la délibération de la Commission consultative qu'on vient de lire la mention suivante :

« Depuis, sur la requeste faicte par ledit Fortier,
« Messieurs ont ordonné qu'audict advis seroient ad-
« joutez ses noms comme premier et inventeur de l'art
« de faire des tapis façon de Turquie à fond d'or, soye

« et laine, en ce royaume, et le premier qui s'est pré-
« senté pour establir l'art des tappiz ainsi qu'il est porté
« en l'article du 17 aoust 1607, f° 18 du 3ᵉ registre. »

Nous voyons là qu'il est question de tapis à fond d'or dont il n'avait pas été parlé auparavant. Or c'est la fabrication des ouvrages d'or et de soie à la façon de Perse que P. Dupont prétendait introduire en France.

Il est donc présumable que Jean Fortier prenait ses précautions, et qu'étant mort avant que rien n'ait pu être établi ni de son côté ni de celui de P. Dupont, celui-ci ne l'a pas rencontré comme un nouvel adversaire dans les contestations qui occupèrent une grande période de sa vie.

Quels étaient les tissus que Pierre Dupont pouvait fabriquer?

Nous croyons qu'il y en avait de trois sortes : les tapis velus, façon de Turquie; les tapis raz, exécutés comme la tapisserie; les tapis en partie raz en partie velus, à la façon des Persans.

On remarquera avec quelle insistance P. Dupont parle de ses « tapis de Turquie et autres ouvrages du Levant », de la soie et de l'or qu'il emploie. Or, si l'on peut fabriquer des tapis velus en soie, il est impossible d'y introduire de l'or dont l'emploi serait très coûteux pour un résultat nul, car les fils se présentant par leur section on ne verrait que l'âme du cordonnet qu'entoure la mince feuille de métal doré qui constitue ce qu'on appelle le fil d'or.

Mais dans un tapis ras, qui n'est qu'une tapisserie faite sur une chaîne plus grosse avec des laines moins fines, par colorations à plat et juxtaposées, lorsqu'on imite les tissus orientaux, l'emploi des fils métalliques est possible. Les tapis de table où l'on veut introduire un certain luxe de matière en sont un exemple.

Dans la tapisserie représentant la *Visite du roi Louis XIV aux Gobelins*, un tapis de ce genre est jeté au premier plan, à gauche, afin de l'animer, car aucun ouvrier ne s'en occupe pour le présenter au roi.

Enfin les tapis persans les plus riches combinent parfois des ornements en velours avec un fond raz de fils d'or, d'argent ou de soie. Il est probable que Pierre Dupont a dû les imiter, unissant ainsi deux genres de fabrication, celle des tapisseries et celle des tapis.

Nous verrons enfin que parmi les travaux de Louis Dupont, fils de Pierre, figurent des « ouvrages à fonds d'or et de soie, à la façon de Perse. »

II.

C'est après la rentrée de la royauté à Paris, en la personne de Henri IV, et après son mariage, que P. Dupont fut présenté au roi qui lui accorda un logement au Louvre, à lui quatrième de tous les artistes et artisans qui y furent établis. Cette présentation dut avoir lieu vers 1605, postérieurement à celle de J. Fortier qui est de 1604, car P. Dupont dit lui-même que ce fut en 1605 que le logement lui fut accordé, et qu'il s'y établit la veille des Rois. Cette année 1605 et la suivante furent employées aux installations, puis à l'exécution de quelques modèles, ainsi que des échantillons d'ouvrages d'or et de soie destinés à être soumis au roi.

C'est à la suite de ce second examen que P. Dupont reçut le brevet du 4 janvier 1608 qui lui accordait un logement et un atelier au-dessous de la grande galerie du Louvre. Mais ce brevet était muet quant à l'établissement d'une manufacture privilégiée dans tout le royaume suivant une promesse que Henri IV ne voulait ou ne pouvait tenir. P. Dupont, tout en déplorant « le cruel et détestable parricide commis en la personne sacrée, » se retourna incontinent vers la reine mère régente qui le leurra si bien de vaines promesses qu'il se résolut d'attendre une occasion plus favorable.

En l'attendant, il profita, avec les autres habitants de la galerie du Louvre, de ce qu'on les avait envoyés à la garde des portes de Paris pendant les troubles de la minorité du roi, pour se faire exempter de tout service de ce genre.

Il obtint cependant, par acte passé devant notaire, le 28 avril 1623, entre lui, M. de Fourcy et M. Donon, l'un surintendant, l'autre contrôleur des bâtiments et manufactures, d'abord des gages annuels de 300 livres, puis que ses travaux seraient payés au prix de la pension que lui coûtaient ses apprentis.

L'occasion favorable qu'il cherchait, P. Dupont la trouva enfin. Un de ses élèves, nommé Simon Lourdet, avait traité, le 9 février 1624, avec les administrateurs des hôpitaux afin de s'établir dans l'hôpital de Bon-Port pour y faire travailler les enfants qui y étaient enfermés[1], puis s'était définitivement établi, à certaines conditions, dans celui de la Savonnerie, à Chaillot. L'administration des Hospices devait livrer un certain nombre d'enfants et des lieux commodes pour monter les métiers;

---

1. L'Hôpital de Bon-Port était situé au faubourg Saint-Victor ainsi que l'indique le deuxième *factum* de P. Dupont. Le *Supplément des Antiquités de Paris*, de Jacques Dubreuil, imprimé en 1639, apprend (p. 46) qu'il était placé au-delà de l'abbaye Saint-Victor, et que les enfants pauvres qui y étaient enfermés, nourris, vêtus et instruits, furent transférés dans l'Hôpital Scipion agrandi.

de son côté, S. Lourdet s'engageait à les instruire pendant douze années et à leur donner un habit de 36 livres à la fin de leur apprentissage : il devait de plus payer aux hospices la somme de 450 livres par chacune des huit dernières années de cette période de douze ans [1].

Le maître et l'élève s'associèrent en septembre 1626, afin de poursuivre le privilège d'établissement de la manufacture, convenant de contribuer chacun pour moitié dans tous les frais nécessaires, et de partager les bénéfices également par moitié, ainsi que les pertes ; s'interdisant de transporter à autrui les privilèges qu'ils pourraient obtenir, chacun devant résider d'ailleurs dans le local où il était déjà établi : c'est-à-dire P. Dupont dans la galerie du Louvre et S. Lourdet dans l'hôpital de la Savonnerie.

Les deux associés adressèrent alors au roi une supplique à cette fin d'obtenir des privilèges identiques à ceux que Henri IV avait accordés aux tapissiers flamands qu'il avait attirés à Paris.

Ces privilèges se résument ainsi :

— Instruction industrielle donnée aux enfants des hôpitaux de Paris ou des provinces, avec installation, nourriture et entretien aux frais de ces hôpitaux.

— Rôle annuel des enfants livrés aux entrepreneurs.

— Défense de les distraire avant la fin de leur apprentissage pour les occuper dans d'autres manufactures.

— Acquisition de la maîtrise sans faire de chef-d'œuvre, sans payer de droits, ni de festin, sans inscription obligatoire au Châtelet, conformément aux privilèges accordés aux apprentis des galeries du Louvre.

— Prohibition à l'entrée des tapis d'Orient pendant

---

1. Voir le deuxième *Factum*.

dix-huit ans, et défense d'en vendre d'autres que ceux fabriqués dans le royaume, sous peine de saisie.

— Autorisation pour les entrepreneurs de faire entrer les mêmes tapis d'Orient pendant dix années, afin de les indemniser des frais de premier établissement, et, comme corollaire, droit de marque des tapis actuellement en magasin chez les marchands, et confiscation en cas de non déclaration.

— Permission de faire venir d'où il leur conviendra les matières premières nécessaires à leur industrie.

— Octroi des privilèges de la noblesse pour eux et leurs enfants, sans que le négoce auquel ils se livreront puisse les faire déroger ; enfin exemption de toute tutelle.

Telles étaient, rédigées en dix articles draconiens, les prétentions des deux requérants en échange des bienfaits qu'ils allaient apporter au royaume en empêchant par leur industrie la sortie de l'or et de l'argent qui semble avoir été la grande préoccupation de l'époque.

Le prévôt des marchands et le procureur du roi au Châtelet, consultés, trouvèrent ces conditions excessives, et, tout en reconnaissant la nécessité d'interdire l'introduction des tapis d'Orient, si l'on voulait favoriser la nouvelle manufacture, ils se montrèrent logiques en proposant de l'interdire à tout le monde. En place des bénéfices que les requérants auraient tirés de la faculté qu'ils leur refusaient, ils proposaient de leur accorder une pension annuelle.

Enfin, ils leur reconnaissaient le droit de visite aux frontières seulement, et comme conséquence le droit de marque des marchandises actuellement en magasin.

Le surintendant des bâtiments du roi et des manufactures, consulté à son tour, différa en quelques points seulement des avis précédents, mais un de ces points fut la cause des longs procès qui divisèrent les deux associés. Le surintendant conseilla, en effet, de réunir à l'atelier établi par S. Lourdet à la Savonnerie celui que P. Dupont dirigeait au Louvre. Quant aux interdictions à l'entrée en France des tapis d'Orient, il proposait de ne les édicter qu'après qu'on se serait assuré du succès de la manufacture nouvelle.

A la suite de ces différents avis, le Conseil d'État rendit, le 17 avril 1627, un arrêt en onze articles qu'il est nécessaire d'analyser, car il est le point de départ de la constitution de la manufacture de la Savonnerie, mais aussi des procès qui précédèrent son établissement définitif.

Cet arrêt est à certains égards copié sur l'édit de 1607 qui établissait à Paris la manufacture des tapisseries de Flandre, et sur celui qui, en 1625, l'avait confirmé en faveur de Marc de Comans et de François de la Planche.

Art. Ier. — Concession à Pierre Dupont et à Simon Lourdet de la fabrique et manufacture de toutes sortes de tapis et ouvrages du Levant, tant en or, argent, soie, qu'en fleuret et en laine, pour dix-huit années à partir du 1er juillet 1627.

Art. II. — Obligation d'enseigner la fabrication au nombre d'enfants qui sera jugé nécessaire, dans les hôpitaux de Paris convenables à cela et qui fourniront les métiers nécessaires.

Art. III. — Établissement d'un rôle des enfants employés, constatant les obligations réciproques des entrepreneurs et de leurs apprentis pendant la durée des six années de leur apprentissage.

Art. IV. — Interdiction à quiconque de distraire de leur travail les apprentis portés sur le rôle.

Art. V. — Droit de maîtrise au bout des six années d'apprentissage, sans obligation de chef-d'œuvre, de lettres, de repas de maîtrise, sauf la nécessité de prêter serment aux mains du procureur du roi.

Art. VI. — Défense de créer d'autres manufactures sans l'autorisation des concessionnaires et prohibition d'introduire des tapis de Turquie en France.

Art. VII. — Autorisation d'acheter n'importe où, en payant les droits, et concurremment avec les autres marchands, les matières premières nécessaires à la manufacture, et de les préparer et travailler sans que les maîtres des métiers que ces opérations concernent aient aucun droit de regard.

Art. VIII. — Octroi à chacun des entrepreneurs d'une pension de 1,500 livres payée sur les deniers accordés par le roi pour l'entretien des pauvres enfermés ; entretien et nourriture des apprentis sur les mêmes fonds en cas d'insuffisance des aumônes ; obligation pour les entrepreneurs d'habiter la Savonnerie et d'y instruire les enfants.

Art. IX. — Octroi de la noblesse et de ses privilèges aux entrepreneurs et à leurs descendants légitimes, tant qu'ils dirigeront la manufacture, et exemption de toute tutelle, etc.

Art. X. — Transport des pensions et privilèges aux veuves et aux enfants des concessionnaires à la suite de leur décès.

Art. XI. — Ordre au surintendant des bâtiments et des manufactures de veiller à l'exécution dudit arrêté.

Pendant l'accomplissement des diverses formalités nécessaires pour que cet arrêt devînt exécutoire, S. Lourdet intervenait seul afin d'obtenir un nouvel arrêt du Conseil d'État constatant que la maison de la Savonnerie était affectée à l'établissement de la manufacture et à l'apprentissage des enfants. Devinant que son élève voulait l'évincer, P. Dupont, qui ne pouvait agir seul, puisqu'il ne remplissait pas personnellement les conditions de l'arrêt du Conseil d'État, obtint de la Cour d'être joint à son associé afin d'en poursuivre l'homologation et la vérification. Mais un vice de forme nécessita de nouvelles lettres-patentes que Louis XIII signa pendant qu'il assiégeait la Rochelle, plus d'un an après, le 28 août 1628, afin que le Parlement, la Chambre des Comptes, la Cour des Aydes et les trésoriers généraux de France fissent la vérification qu'on avait oublié de leur demander.

Ces vérifications obtenues, Pierre Dupont, qui est beau parleur et écrivain prolixe, citant au besoin du grec et du latin, reste au Louvre où il semble peu travailler comme tapissier, mais se démener activement comme solliciteur, tandis que Simon Lourdet, déjà installé à la Savonnerie par traité passé avec les administrateurs des hôpitaux avant son acte d'association avec son ancien maître, y travaille de son métier et semble ne désirer aucun partage de ce que sa position acquise peut lui procurer d'avantages.

Cependant les administrateurs des biens des pauvres, d'un côté, la communauté des tapissiers haut-lissiers, sarrazinois, etc., de l'autre, faisant opposition à la vérification de l'arrêt fondamental du 27 avril 1627, avaient obtenu, le 3 décembre 1628, une sentence du Prévôt de Paris contre laquelle S. Lourdet seul vint faire opposition devant la cour du Parlement. Celle-ci, par quelques jugements interlocutoires, admit P. Dupont, averti cette fois-ci encore comme la précédente, à joindre son opposition à celle de son associé, et modifia, par son jugement du 9 mars 1630, certains des articles de l'arrêt de 1627.

Plusieurs sont restreints tant au profit de la communauté des tapissiers haut-lissiers, etc., qu'au profit de l'indépendance des administrations hospitalières ; mais l'article VIII est entièrement annulé en ce qui concerne l'assiette de la pension de 3,000 livres sur les biens des pauvres. En même temps, S. Lourdet est déchargé de la pension de 450 livres par an à laquelle il s'était obligé envers les administrateurs des Hospices par son contrat du 9 février 1624.

Continuant à agir seul, Simon Lourdet obtint du Conseil d'État un nouvel arrêt, en date du 18 avril 1630, décidant que sa pension et celle de P. Dupont seraient payées « sur la crüe de deux sols imposez sur chacun minot de sel pour le remboursement de la non jouyssance des droits des petits sceaux, et que sur le mesme fonds sera encore prise la somme qu'il plaira à S. M. d'arbitrer pour la nourriture et entretenement de la dernière année du service et apprentissage des enfans. »

Le roi rendit une ordonnance conforme datée de Troyes, le même jour 18 avril 1630.

Une procédure assez embrouillée la suivit devant la Chambre des Comptes qui enregistra l'arrêt le 20 juin 1630, sans faire aucune mention du mode de paiement de la pension accordée.

Les deux intéressés revinrent alors devant le Conseil d'État qui, le 6 juillet 1630, faisant droit à leur demande, décide que leur pension sera payée par le trésorier de l'Épargne en exercice, sur les fonds qui lui seront remis par les officiers du grenier à sel de la Généralité de Paris sur la crue de deux sols stipulée dans l'ordonnance du 18 avril précédent.

Des lettres-patentes du roi, datées de Grenoble du même jour et destinées à rendre cet arrêt exécutoire, ont beau être adressées aux officiers du grenier à sel, ceux-ci résistent et obtiennent même de Louis XIII, qui semble signer sans le lire tout ce qu'on met sous sa plume, de nouvelles lettres-patentes, datées du fort Barrault, le 2 août 1630, qui, tout en maintenant la pension et son paiement par les trésoriers de l'Épargne, omettent d'indiquer sur quels fonds ceux-ci les prélèveront.

P. Dupont et S. Lourdet s'étant présentés à la Chambre des Comptes pour l'enregistrement de ces nouvelles lettres-patentes, car peu leur importe d'où vient la pension pourvu qu'elle leur soit payée, l'affaire se présente sous une face nouvelle.

En effet, la Chambre des Comptes, par arrêt du 13 décembre 1630, avait désigné deux conseillers maîtres avec mission de se transporter à la Savonnerie et d'y examiner l'état des choses. Dans un procès-verbal du 20 du même mois, il est constaté par eux que S. Lourdet habite seul la Savonnerie, qu'il n'y emploie que soixante-dix apprentis dans une salle haute ; qu'il existe une salle basse que le roi vient de faire construire. A la suite de cette visite et de ce rapport la Chambre arrête, le 20 février 1631, que P. Dupont sera aussi tenu de résider dans les trois mois à la Savonnerie, dans une partie du logement de son associé, et d'établir ses métiers dans le nouveau bâtiment, et que la pension ne sera payée aux deux associés que sur un certificat constatant l'exécution de ces clauses. Deux conseillers sont en outre chargés de visiter la maison tous les ans, quand bon leur semblera, afin de voir si les cent enfants, indiqués pour la première fois dans les lettres-patentes du 2 août 1630, sont réellement employés. Ils doivent adresser un rapport sur leur visite.

Pierre Dupont, contraint de s'exécuter, ne veut pas laisser à un autre son logement et ses ateliers du Louvre; il obtient du roi un nouveau brevet qui les concède à son fils, âgé de vingt-quatre à vingt-cinq ans, avec transmission, en cas de mort, à son frère, seulement âgé de treize à quatorze ans.

Malgré cet arrêt et ce brevet signifiés à S. Lourdet, celui-ci fait la sourde oreille et, lorsqu'on le presse trop vivement, prétend que l'établissement est trop exigu pour deux, que deux entreprises rivales troubleraient l'ordre de l'Hôpital et qu'enfin étant le premier occupant il est le seul maître :

La maison est à moi, c'est à vous d'en sortir.

Il offre cependant à P. Dupont de troquer avec lui son établissement du Louvre contre celui de la Savonnerie, à la condition que son compétiteur, qui en ce moment a un pied dans les deux, le laissera tranquille.

Aussi, Dupont présente-t-il à la Chambre des Comptes une nouvelle requête datée du mois de février 1631; et la Chambre des Comptes, confirmant son premier arrêt, ordonne-t-elle à S. Lourdet de ne travailler que dans l'atelier du premier étage où ses métiers sont dressés, qui a quinze toises de long, et auquel on accède par l'allée de la cuisine, et de conserver son logement actuel avec un autre d'égale importance placé au-dessus; et à P. Dupont de monter ses métiers dans la salle basse, longue de cinq à six toises, et de loger dans une chambre haute ayant vue sur le Cours, joignant l'allée de la cuisine de Lourdet, et dans une autre chambre, actuellement occupée par un blanchisseur.

Afin d'empêcher toute communication entre les deux associés ennemis, des portes seront ouvertes et d'autres fermées en présence des commissaires qui ont déjà visité la Savonnerie.

S. Lourdet ayant, à la date du 27 février 1631, introduit une requête devant le Parlement en opposition aux arrêts de la Cour des Comptes du 23 décembre 1630 et du 23 février 1631, P. Dupont adressa de son côté un factum où il énumère ses griefs contre son associé.

Le premier résulte de ce que S. Lourdet, ayant traité, dès l'année 1624, avec les administrateurs des hospices aux conditions que nous avons plus haut indiquées, s'était fait décharger de ces dernières par l'arrêt de la Cour du Parlement en date du 9 mars 1630.

Le deuxième, de ce que S. Lourdet se présenta seul pour faire vérifier cet arrêt, démarche qui motiva l'intervention des administrateurs des hospices et des maîtres tapissiers.

Le troisième, de ce que S. Lourdet prétend que l'arrêt qui les déboute tous deux de la pension établie sur les biens des pauvres et le décharge de ses obligations particulières, déboute son associé lui-même de s'établir à la Savonnerie, parce que lui, S. Lourdet, y est déjà établi tant par les administrateurs que par brevet du roi. P. Dupont objecte que l'arrêt ne les déboute en aucune façon du logement, et que S. Lourdet a traité pour l'hôpital de Bon-Port et non pour celui de Chaillot, pour douze ans seulement et non à perpétuité.

P. Dupont argue en outre de ce que la Savonnerie est au roi qui paie chaque année 1,200 livres inscrites sur les comptes des bâtiments et peut en disposer à sa guise, comme du Louvre, etc.

c

Le factum répète les considérants de l'arrêt de la Chambre des Comptes du 23 décembre 1630.

S. Lourdet, qui s'est aussi pourvu d'un brevet du roi en février, prétend avoir payé de ses deniers l'achèvement du bâtiment neuf qu'il occupe, et que, par suite de la convention dernièrement passée entre eux, P. Dupont aurait « renoncé à tous les lieux et atteliers que le dit Lourdet occupoit lors audit lieu ».

P. Dupont nie qu'il puisse justifier de ces dépenses, et rappelle que les commissaires de la Chambre des Comptes ont trouvé inoccupé l'atelier dont il s'agit, trois mois après que lui-même avait déjà passé un marché pour la construction d'un grand métier.

Une question assez obscure de règlement de comptes entre les deux adversaires, à cause des frais qu'ils devaient supporter en commun pour mettre la main sur cette bienheureuse pension qui se dérobait toujours, P. Dupont prétendant que l'un et l'autre sont quittes, l'amène à défendre l'intégrité des juges contre S. Lourdet qui prétend leur avoir donné quelques épices sous forme d'œuvres de son métier.

Après avoir constaté que la lutte commerciale ne peut être égale entre lui, à qui ses apprentis coûtent, tandis que ceux de son adversaire sont nourris par l'hôpital, P. Dupont renouvelle l'énoncé des services rendus par lui et demande en définitive la confirmation de l'arrêt de la Chambre des Comptes.

Malgré toutes ces considérations, la Cour du Parlement donne raison à S. Lourdet en le maintenant seul dans les locaux en litige. Elle laisse P. Dupont libre de se pourvoir d'autres lieux dans le même hôpital pour y bâtir ou y établir sa demeure.

P. Dupont revint naturellement à la charge auprès

du roi qui, lui étant plus favorable que ses gens de justice ou des finances, ordonna, le 17 mai 1631, à la Chambre des Comptes d'avoir à vérifier, nonobstant tous arrêts, les lettres-patentes qui lui ont accordé une pension de 1,500 livres sur le grenier à sel, en considération de ce qu'il doit avancer les fonds nécessaires pour acheter un terrain et y bâtir contre la Savonnerie, avec entrée sur l'hôpital.

Mais la Chambre des Comptes, n'ayant aucun égard à cette jussion et persévérant dans sa jurisprudence, défend aux trésoriers de l'Épargne de rien payer aux deux associés tant qu'ils n'auront pas obéi à son arrêt du 20 février 1631. On espérait peut-être forcer ainsi les deux adversaires à se mettre d'accord.

P. Dupont et S. Lourdet qui possèdent la persévérance, cette vertu cardinale des tapissiers, loin de se rebuter, se tournent de nouveau vers le roi et son conseil pour arriver enfin à toucher cette bienheureuse pension assise sur le grenier à sel. Le Conseil leur donne encore une fois raison dans un nouvel arrêt, daté du 13 mai 1632, qui motive de nouvelles lettres conformes à tous les gens de finance.

Cet arrêt spécifie que ce qui restera, après la pension payée, sur la crue de deux sols par chaque minot de sel servira à entretenir et nourrir les enfants pauvres que S. Lourdet instruit à la Savonnerie.

Les officiers du grenier à sel, qui préfèrent garder cet argent, resté disponible sans doute depuis qu'il n'est plus affecté au remboursement de la non-jouissance des droits attribués aux gardes des petits sceaux, continuent leur résistance. Ils déclarent, par un jugement du 10 juillet 1632, ne pouvoir agir que sur le vu de la déclaration du roi vérifiée par la Cour des Aydes.

Nouvel arrêt du Conseil d'État, daté de Montpellier le 24 septembre 1632, qui ordonne à tout huissier à ce requis de signifier le précédent arrêt aux officiers des greniers à sel qui sont en cause, puis nouvelles lettres-patentes du roi, datées de Béziers le 8 octobre 1632, et adressées à la Cour des Aydes qui ne les enregistre que le 25 février 1633, c'est-à-dire l'année suivante.

Tout cela n'est point encore suffisant. Il faut encore que les postulants obtiennent de la Cour des Aydes la permission de faire assigner devant elle, aux fins de leur requête, qui bon leur semblera. Aussitôt munis de cette permission, ils se présentent enfin et successivement devant les officiers de chacun des greniers à sel de Paris, Pontoise, Poissy, Brie-Comte-Robert qui enregistrent définitivement les lettres-patentes du roi et arrêtent que la crue de deux sols sur chaque minot de sel vendu commencera à être prélevée à partir du 18 mai au 15 juillet, suivant la date de chacun des arrêts.

Il semble que tout soit terminé quant à l'assiette de la pension ; mais l'un des arrêts du Conseil d'État, celui rendu à Troyes le 18 avril 1630, avait stipulé que les grenetiers, ainsi qu'on les appelait, paieraient directement aux mains des pensionnaires dont le reçu leur tiendrait lieu de décharge, tandis qu'un autre, celui du 6 juillet 1630, avait dit que ces mêmes grenetiers verseraient les fonds aux mains des trésoriers de l'Épargne auxquels les pensionnaires auraient affaire.

Ne sachant auquel obéir, les officiers du grenier à sel n'obéissaient à aucun. D'un autre côté, les administrateurs des biens des pauvres, qui touchaient directement d'eux les fruits d'une première levée de 5 sols, trouvaient étrange de toucher indirectement le surplus de la crue de 2 sols qui leur était attribué pour l'entretien et la nourriture des apprentis de S. Lourdet. Aussi plus de six mois après, le 9 mars 1634, P. Dupont reprit-il la plume pour présenter une nouvelle requête afin d'être payé directement, sans que l'argent passât par les mains des trésoriers de l'Épargne.

Mais comme il ne s'arrête jamais de demander, pensant qu'il en tirera toujours quelque profit; comme S. Lourdet est bien établi à la Savonnerie et qu'il n'y a pas d'espoir de lui faire abandonner ni le logement ni la salle basse que la Chambre des Comptes veut qu'il cède, mais que la Chambre du Parlement l'autorise à garder; comme il ne se soucie pas de construire à ses frais, car il sait par expérience combien il est difficile de tenir ce que le roi donne, il demande qu'on lui abandonne une grande salle de la Savonnerie qui sert d'école, pour y monter ses métiers, un autre local pour son atelier de teinture, et encore un autre pour son logement.

Il trouve qu'il y a d'autres hospices pour les enfants, et même d'autres locaux à la Savonnerie pour les y instruire, insinuant au roi qu'il pourrait lui être agréable d'affecter la Savonnerie à la manufacture de tapis seulement, comme les Gobelins l'étaient à celle des tapisseries de basse lisse[1], et à la teinturerie qui lui était nécessaire.

Sans stipuler sur ces demandes accessoires, le Conseil d'État, qui n'a d'égale à sa facilité à rendre des arrêts que sa facilité à se déjuger, décide que la pension sera payée directement par les officiers du grenier à sel.

Comme S. Lourdet satisfait seul aux conditions des lettres-patentes, lui seul recevra sa part de la pension; quant à P. Dupont, il revient naturellement à la charge

---

1. Il s'agit de Marc de Comans et François de La Planche, établis aux Gobelins au commencement du siècle.

par une nouvelle requête afin que commission soit donnée au Grand Prévôt de le loger et de l'installer à la Savonnerie, condition nécessaire pour qu'il ait aussi droit à sa pension.

Pendant ce temps les manufactures anglaises, où quelques apprentis de S. Lourdet semblent travailler, introduisent des produits qui se vendent à meilleur marché que ceux de la Savonnerie, s'ils leur sont inférieurs en qualité, au dire du principal intéressé. Occasion toute naturelle pour l'entrepreneur de demander au Conseil d'État leur prohibition, sous peine de saisie et de partage des fruits de la saisie par tiers entre le roi, le dénonciateur et lui, et de requérir la même mesure contre les tapis du Levant, sauf pour ce qu'il plaira au roi de permettre de faire entrer pour « fournir le commun » à la condition que la moitié appartiendra au requérant.

Ces demandes étant d'ailleurs calquées sur les règlements octroyés en 1607 aux tapissiers flamands, une commission conforme à un arrêt du Conseil fait droit à la requête de S. Lourdet.

Enhardi par ce nouveau succès et en réponse à la demande de son associé, S. Lourdet aurait présenté une nouvelle requête au Conseil d'État afin que la manufacture de la Savonnerie fût établie en son nom seul et que tous les frais qu'il y pourrait faire fussent payés sur la pension de P. Dupont, qui s'en trouverait ainsi déchu. Cela résulte d'un troisième et dernier *Factum* que le prolixe auteur de la *Stromatourgie* adresse encore au Conseil d'État, dans l'espoir d'être enfin logé et installé à la Savonnerie.

Après avoir de nouveau raconté ses commencements et ses démêlés avec son ancien apprenti, il nous révèle quelques faits nouveaux et intéressants. Ainsi, parmi les apprentis qu'il avait formés au Louvre, un certain Henri Angevin s'était établi à Rouen avec des métiers qui lui appartenaient et qui y étaient encore montés, tandis qu'un de ses élèves était allé à Nantes, qu'à Saumur avait travaillé un nommé Philippe Jugle et à Beauvais André Le Queste.

Simon Lourdet, enfin, après avoir vu du pays, était revenu à la place Maubert où il était né, s'y était installé, et c'est là que, sur la vue de quelques-uns de ses produits, les administrateurs des hospices avaient traité avec lui, d'abord pour l'établir à l'hôpital de Bon-Port, puis à la Savonnerie avant que le roi en fît l'acquisition.

Suivant le *Factum* il renvoyait ses apprentis avant la fin de leur temps afin de n'avoir point à leur donner ce à quoi il s'était engagé et de ne point les payer comme ouvriers s'ils restaient.

Afin de se débarrasser sans aucun doute d'un si verbeux et si obstiné solliciteur, Louis le Juste, par lettres-patentes du 30 septembre 1637[1], accorda à son tapissier ordinaire, non pas ce qu'il demandait avec tant d'insistance, mais ce qu'il désirait assurément. Il le dispensa d'aller s'établir à la Savonnerie, le maintint dans la

---

1. Cette importante pièce, qui mit un terme à de si longues procédures et que nous donnons ici (p. 122-4), avait déjà été publiée, nous le rappellerons en passant, dans les anciennes *Archives de l'Art français* (tome I, p. 207) au début d'un article sur les Logements du Louvre. A la suite de ce brevet, les éditeurs avaient reproduit textuellement le texte du quatrième Parterre de la Stromatourgie (p. 210-2). En outre, dans la *Notice sur les Gobelins* qui porte la date de 1853, l'auteur de l'article des *Archives*, M. Lacordaire, s'étend longuement sur la *Stromatourgie* et donne une analyse détaillée de ses différentes parties.

galerie du Louvre en lui laissant la jouissance de sa pension, et comme celle-ci, dont il n'avait pas encore touché un denier et qui était établie pour douze ans[1], devait expirer le 17 septembre 1639, c'est-à-dire deux ans plus tard, une prolongation de vingt années, à partir de cette dernière date, lui fut accordée avec réversibilité sur les siens, avec la conservation du logement pour sa veuve et pour son fils Louis Dupont, s'ils continuaient la fabrication des tapis.

Ainsi semblent avoir été terminés les démêlés de Simon Lourdet et de Pierre Dupont, qui posa enfin la plume après avoir intercalé toute la fastidieuse procédure que nous venons d'analyser entre le quatrième parterre de la *Stromatourgie* et l'élégie qui la termine dans la première édition de son livre comme dans celle qu'il avait préparée et qui est restée manuscrite.

Qu'advint-il des deux établissements qui coexistaient ainsi, l'un au Louvre, l'autre à la Savonnerie?

Pierre Dupont dut profiter pendant seize années encore, ou environ, de la faveur du roi, et mourir vers l'âge de 73 ans, en l'an 1650, où des lettres-patentes du roi Louis XIV, datées du 31 décembre de cette année, déchargent sa veuve de toute obligation et confirment son fils, Louis Dupont, dans les privilèges de son père pendant le reste de la période des vingt années qui

---

1. Nous ne comprenons pas pourquoi les lettres-patentes du 30 septembre 1637 en faveur de Pierre Dupont indiquent que son privilège n'était que de douze ans, et devait expirer le 12 septembre 1639, tandis que celles du 17 avril 1627, qui sont le point de départ de l'établissement de la Savonnerie, fixent une durée de dix-huit ans, à partir du 1er juillet 1627, et devant finir par conséquent à pareil jour de 1645. Et en effet, les lettres-patentes du 25 mars 1643 en faveur de Simon Lourdet partent de cette année 1645, mais du 17 avril et non du 1er juillet.

avaient commencé le 17 avril 1639. Ces privilèges n'étaient point transmissibles.

La Chambre des Comptes, en les enregistrant le 8 mars 1651, les réduisit à six années seulement à partir probablement du jour de l'enregistrement [1]. Ce que le roi n'admet pas, car, par nouvelles lettres-patentes du 31 décembre 1654, et en considération de ce que, grâce à l'industrie des Dupont, on ne dit plus à l'étranger où l'on exporte leurs tapis, qu'ils sont « façon de Turquie, mais façon de France », il voulut que le privilège fût maintenu pour une durée de vingt années, avec réversibilité sur sa veuve ou sur celui de ses enfants qui continuerait la fabrication des tapis.

Des lettres-patentes que Louis XIII bien près de mourir data de Saint-Germain, le 25 mars 1643, en faveur de Simon Lourdet, nous apprennent que celui-ci, portant le titre d' « Entrepreneur de la manufacture des tapis de Turquie et du Levant », occupait encore la Savonnerie à cette époque; qu'une prolongation de dix-huit années, devant commencer le 17 avril 1645 — à l'expiration du premier privilège de 1627 — lui était accordée pour lui, sa femme et ses enfants pendant qu'ils exploiteraient la manufacture, et que cent enfants, choisis dans tous les hôpitaux et entretenus par leurs administrateurs, y étaient employés. Mais il ne paraît pas que

---

[1]. Cette réduction est inexplicable, car le premier privilège du 17 avril 1627 n'avait duré que douze ans pour P. Dupont et dix-huit ans pour S. Lourdet, et ce sont six années dont il aurait fallu au contraire augmenter le nouveau privilège du premier afin d'établir l'égalité entre les deux concessionnaires. On ne conçoit pas non plus, à moins qu'il n'y ait une rédaction insuffisante, comment on réduit à six ans en 1651 un privilège qui, datant de 1639, avait déjà duré douze ans.

les bâtiments de la Savonnerie fussent entièrement occupés par les ateliers.

C'est pendant cette période que doit avoir été fabriqué le tapis de la Savonnerie qui est visé, en 1653, dans l'Inventaire du cardinal de Mazarin, tapis de caractère absolument européen d'après sa description.

Il paraîtrait, d'après le contrat d'établissement de la Savonnerie, en date du 31 mars 1663, que S. Lourdet aurait été évincé des bâtiments de la Savonnerie par les directeurs du grand hôpital de Paris, trois ans avant l'expiration de son nouveau privilège.

Aussi, à la date que nous venons d'indiquer, un acte est passé, en présence de Colbert, entre les directeurs de l'hôpital général de Paris et Simon Lourdet, accompagné de Philippe Lourdet, son fils, pour le rétablissement de la manufacture de la Savonnerie que le roi vient de faire réparer et augmenter. Les conditions principales sont les suivantes :

Les directeurs doivent fournir chaque année soixante enfants de l'hôpital général, âgés de dix à douze ans et au-dessus, choisis par Lourdet qui ne pourra refuser ceux qui se présenteront de plein gré.

Le stage est de trois mois, après lesquels ils pourront être renvoyés à l'hôpital général en cas d'insuffisance.

L'apprentissage est de six années consécutives à partir de l'expiration du stage de trois mois.

Liberté pour les apprentis, à l'expiration de leur temps de service, d'aller où il leur conviendra.

Lourdet doit leur enseigner son art qui ne se borne pas à la fabrication des tapis, mais qui comprend la confection des lits, des matelas, des courtepointes, etc.

Un seul apprenti peut obtenir la maîtrise à l'expiration de son apprentissage. Il sera choisi par le Surintendant des bâtiments sur une liste présentée par Lourdet ; mais les autres auront la faculté de s'établir où il leur conviendra en attendant la maîtrise.

Les apprentis sont entretenus, nourris et soignés en cas de maladie par l'hôpital général, qui paie aussi le traitement des « officiers » de la manufacture.

Les officiers sont le chapelain, le concierge, le portier et deux garçons pour l'entretien des dortoirs, etc. Nommés par les administrateurs de l'hôpital, ils sont sous les ordres de l'entrepreneur.

L'entrepreneur semble résider seul à la Savonnerie, à charge des réparations locatives.

Il paie à l'hôpital général 136 livres par apprenti, par acomptes échelonnés en six ans ; 100 livres pour l'hôpital et 36 livres pour l'apprenti à sa sortie.

Deux des directeurs de l'hôpital général, nommés par le Surintendant des bâtiments, administrent la Savonnerie où un lieu de réunion leur est réservé, et ont soin que le service divin y soit célébré, le catéchisme enseigné et les prières dites comme dans les hôpitaux.

Un peintre de l'Académie royale inspecte chaque mois les modèles, donne des conseils sur leur exécution et enseigne même le dessin à ceux qu'il juge capables de l'apprendre.

Ainsi il y a deux établissements : Simon Lourdet à la Savonnerie et Louis Dupont au Louvre, qui travaillent tous deux pour le roi.

Le premier, dès l'année 1664, avait fourni deux tapis à la reine et travailla, à partir de 1665, aux tapis de la galerie d'Apollon qui lui furent payés à raison de 135 livres l'aune carrée.

Il dut mourir en 1667, car les lettres de confirmation de privilège accordées à son fils datent du 21 novembre de cette année, où, d'un autre côté, on trouve le père et le fils mentionnés ensemble dans les Comptes de la Maison du roi.

Après avoir concouru à la fabrication de divers tapis destinés tant à la galerie d'Apollon qu'aux Tuileries et au service particulier du roi, Philippe Lourdet commença, en 1668, la fabrication des tapis de la grande galerie du Louvre dont Baudrin Yvart, avec l'aide de Francart, peignait les modèles aux Gobelins.

Les modèles étaient payés 36 liv. et les tapis 165 liv. l'aune carrée, tandis que Simon Lourdet ne recevait que 138 liv., en 1665, pour les tapis de la galerie d'Apollon. Quant aux tapis eux-mêmes, le Garde-Meuble en conserve encore quelques-uns qui n'ont rien d'oriental dans leur dessin, bien que les comptes les qualifient de faits à la « façon de Turquie ». Leur ornementation se compose de grands rinceaux de feuilles d'acanthe combinés avec des fleurs et des moulures encadrant, soit des fonds diversement colorés, soit des médaillons représentant des figures en camaïeu ou des paysages.

Philippe Lourdet mourut en 1671, et fut remplacé dans la direction de son atelier par Jeanne Haffrey, sa veuve, qui, avec le titre de « tapissier et directeur de la manufacture de la Savonnerie », est encore occupée en 1680 aux tapis de la grande galerie. Mais Louis Dupont y travaille concurremment avec elle.

Celui-ci, qui était resté au Louvre après la mort de son père, y pratiquait sa double industrie. En même temps que des tapis façon de Turquie, c'est-à-dire entièrement velus, il y fabriquait, en 1666, des

« meubles, ouvrages à fondz d'or et de soye, façon de Perse » ; détails que nous donnent les Comptes des bâtiments du roi et qui justifient ce que nous avons déjà dit du caractère particulier de ce que peut avoir été ce que Pierre Dupont appelle son invention.

Louis Dupont a aussi abordé la figure humaine dans quelques pièces qu'il a signées, les considérant sans doute comme des espèces de chefs-d'œuvre [1].

Le musée d'art et d'industrie de la ville de Lyon possède une tête de Christ en camaïeu gris modelé en verdâtre sur fond noir passé au vert, d'une exécution peu soignée d'ailleurs, qui est signée d'un monogramme

---

1. La manufacture des Gobelins vient d'acquérir pour son musée une œuvre probable de Pierre Dupont. C'est un panneau en tissu semblable à celui de la Savonnerie, c'est-à-dire en velours à point noué, de 2 m. 25 de haut sur 2 m. 05 de large, représentant Louis XIII, Anne d'Autriche et leurs deux enfants.

Louis XII, la tête laurée, habillé en Hercule, porte le globe du monde qu'il remet à Louis XIV, revêtu du manteau royal fleurdelisé, sous le collier du Saint-Esprit, debout près de sa mère, à tête laurée et vêtue en Minerve. Le duc d'Orléans en chemise, avec le ruban du Saint-Esprit en sautoir, est assis sur les genoux de sa mère et appuie une main sur l'épaule de son frère.

Une Renommée, vue à mi-corps, pose une main, armée d'une trompette, sur un livre, LIBER REGUM, ouvert entre les deux principaux personnages, et souffle dans une seconde trompette qu'elle tient de l'autre main.

Deux colonnes, sur chacune desquelles la date 1643, qui est celle de la mort de Louis XIII, est inscrite, portent une draperie.

Cette composition, surtout par la figure de la Renommée, est dans le sentiment de Simon Vouet.

Le dessin des personnages est excellent et l'exécution très habile, avec peu de couleurs composées et nuancées par mélange, ainsi qu'on fait aujourd'hui.

En définitive, ce panneau, malheureusement très usé, est l'œuvre d'un tapissier excellent et très maître de ses procédés d'exécution.

formé des trois lettres P. L. D. qui semble indiquer la double participation de Pierre et de Louis Dupont.

Lors de l'exposition de l'Histoire de la tapisserie, en 1876, une figure du Père Éternel, en pied et de grandeur naturelle, d'une exécution très large, y fut apportée trop tard pour être cataloguée. Elle était signée dans le haut : *L. Dupont*, avec la date de 1684 (?).

Après la mort de Philippe Lourdet, Louis Dupont quitta ses travaux et peut-être son logement de la galerie du Louvre, mais à coup sûr, dès l'année 1672, il installa son atelier dans les bâtiments de la Savonnerie, où il travailla aux tapis de la grande galerie concurremment avec la veuve Lourdet, dont l'atelier est distinct du sien et plus important d'après le chiffre des paiements annuels, qui est toujours supérieur pour l'ancien atelier. Si bien que, depuis l'année 1664 jusqu'en l'année 1685, où elle reçut le solde du compte de sa part de fabrication dans les tapis de la grande galerie du Louvre, elle avait touché la somme de 277,997 l. 6 s. 3 d. qui, au taux de 165 l. l'aune carrée, représentent un total de 1684 aunes carrées.

Les années suivantes, c'est-à-dire à partir de 1686, la manufacture de la Savonnerie n'apparaît sur les Comptes qu'à des dates éloignées. Le portier, le chapelain, l'horloger reçoivent encore régulièrement leur traitement; mais la fabrication paraît singulièrement ralentie.

En 1688 cependant, la veuve Lourdet et Louis Dupont livrent plusieurs tapis de laine destinés au roi de Siam et ornés d'oiseaux, de fleurs et d'arabesques sur fond de pourpre brun, et la dépense totale, payée dans le cours de l'exercice 1688, s'élève encore à dix-sept ou dix-huit mille livres.

En 1689 encore, la veuve Lourdet et L. Dupont sont mentionnés pour de faibles sommes : 412 l. 10 s., payées à la première, et 838 l. 15 s. au second, pour l'exécution de la couverture de quelques meubles en Savonnerie. Mais ensuite il n'est plus question de rien ni de personne si ce n'est du chapelain.

Ainsi Louis Dupont qui, sous l'administration de Colbert, avait réalisé le rêve de l'auteur de la *Stromatourgie* en venant s'établir à la Savonnerie, à côté des représentants de son élève, associé un peu envahissant, vit ses ateliers sans travail par suite des malheurs de la France, et put y songer à la vanité des choses humaines.

A. D.

STROMATOVRGIE,

OV

DE L'EXCELLENCE DE

LA MANVFACTVRE DES

Tapits dits de Turquie.

NOVVELLEMENT ESTABLIE EN

France sous la conduite de noble homme

PIERRE DV PONT, Tapissier or-

dinaire du Roy esdits ouurages

Mieux faire que bien dire

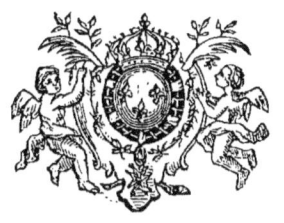

A PARIS

En la Gallerie du Louure, en la maison
de L'Autheur 1632.

A TRES HAVT ET TRES
PVISSANT SEIGNEVR MESSIRE
CHARLES DE LAVBESPINE
SIEVR DE CHASTEAVNEVF
& de Préaux, Commandeur &
Chancelier des Ordres de Sa
Majesté, & Garde des Seaux
de France.

MONSEIGNEVR,
L'honneur que i'ay receu en mes ieunes ans, d'auoir rendu seruice a feuë Madame vostre mere (que Dieu absolue) lors qu'elle me réceut en sa maison pour luy faire quelques ouurages, m'a fait entreprendre la hardiesse, de vous consacrer de rechef comme a l'heritier de ses uniques vertus ces fruicts de ce mien hyuer : les premieres fleurs desquels ayant esté espanouyes aux yeux de ce grand monarque HENRY IV, par la diligence et debonnaireté de vostre dite Dame et mère, qui les a si bien conseruées et maintenues pendant son vivant : que maintenant vous pouuez de vostre puissance et authorité en rendre les fruits en leur parfaite maturité. Je scais bien, Monseigneur, que les considerant en leur estre simple et particulier, qu'ils sont indignes de vos grandeurs :

Mais les regardant a l'esgard que Madame vostre mere leur a donné le premier accroissement, et comme produits au iour, ie ne doute nullement que suiuant les mesmes vertus paternelles et maternelles, vostre admirable bonté ne les reçoiue d'un œil benin et fauorable, ne les protege et defende des bruines de la mesdisance et de l'enuie, n'en accroisse les plantes par un ferme et solide establissement, et qu'elle ne fauorise quant et quant mes iustes et loüables desseins, qui ne tendent qu'à l'honneur et utilité de la patrie, et à une meilleure et salutaire instruction de cette ieunesse grandement faineante dans les hospitaux, qui redondera au soulagement du public et au proffit d'une infinité de pauures. Ce sera l'aisle seule de vostre vertu singulière dont ma dextre s'emplumera, qui luy donnera la force de sousleuer ce pesant fardeau de la necessité, en laquelle i'ay esté precipité, par l'enuie et l'ambition de quelques uns : fardeau soubs lequel ordinairement sont accrauantez et enseuelis les plus beaux arts et les plus rares inuentions.

Je ne requiers, Monseigneur, que vostre equitable Justice pour cet effect, qui seule suffira pour terrasser et aneantir leurs malicieuses prattiques, qui m'ont priué du bien et de l'honneur que mon labeur et industrie depuis trente années que i'ay employées au seruice de leurs Maiestez et a l'aduancement de la dite manufacture, m'auoient iustement acquis pour en faire triompher l'ingratitude.

Ceste Stromatourgie, ou manufacture, qui vous est ce iourdhuy offerte, Monseigneur, ne marchant doresnauant que soubs la conduite de vos pas, ne sera plus ternie d'auarice ny d'ambition, mais se dilatant par tout ce Royaume soubs les heureux auspices de vostre grandeur et authorité, fera remarquer la gloire de vostre nom parmy les estrangers, diuersifiée en autant de vertus, comme il y aura de diuersité de fleurs et de couleurs en ses tapis. Vous ferez par ce moyen le seul compas de proportion, la reigle, le niueau, le crayon et le pinceau qui proportionnera, designera, et tracera tant de beaux ouurages à la postérité, non encore veus et prattiquez par cy deuant, que ie désire d'abondant donner au public auec vostre permission.

Ie n'enfleray point icy, Monseigneur, ce cahier (crainte d'abuser de vostre patience) de l'extraction de vostre très noble et ancienne famille, illustree de plusieurs hautes et grandes alliances : car ce seroit vouloir esclairer le Soleil, que d'en vouloir tracer les véritables discours, après les escrits de tant de doctes et graues personnages, qui avec plus de grace et d'emphase que ie ne pourrois faire, ont laissé à la posterité à iamais la memoire de toutes les vertus exquises qui vous ont fait paruenir à la plus haute dignité de ce Royaume. Ioint qu'un chacun cognoist assez, et a veu de ses yeux, l'heureuse execution d'une infinité de Commissions et Ambassades d'importance a vous decernees par le Roy, qui vous ont fait paroistre par dessus tous autres aussi capable en toutes les affaires et negoces de ceste Monarchie Françoise que l'espreuve que vous en rendez encore tous les iours dont Sa Maiesté en reçoit du contentement, vous de la loüange, et la patrie du fruict, qui se void augmenter à mesure que courent les annees.

C'est a vous donc, Monseigneur, que ceste rare Stromatourgie, ou manufacture, et l'autheur d'icelle se présentent à vos pieds, implorants vostre equitable Justice, pour les maintenir, protéger et defendre de la dent canine, et les vouloir selon vos Arrests ia donnez par vous, bien et deuëment establir soubs vostre puissance et authorité.

Vous suppliant, Monseigneur, que vostre bonté accoustumee suppleant à mon ignorance, excuse ma temerité, si i'ose presenter à vos yeux (qui ne contemplent que choses rares) un discours si mal poly et dressé : mais n'ayāt voulu emprunter une plume à loüage et estrangère, qui auroit à la vérité plus artistement que moy enrichy ce papier, selon la dignité de vos mérites, i'ay osé commettre à mon cœur seul cest office, qui comme meilleur guarant de mes sinceres affections, dés long temps voüees à vostre seruice, vous offre pour iamais les vrais ressentimens de tant d'obligations et courtoisies qu'a receueës de vostre maison,

MONSEIGNEUR,

Vostre très humble et obeïssant seruiteur à iamais,

PIERRE DV PONT.

L'IMPRIMEVR AV LECTEVR, SALVT.

Aᴍʏ lecteur, ne trouue estrange, si i'ay mis ce liuret soubs la presse si peu limé et mal poly, n'estant le but de l'Autheur à s'amuser à telles mignardises et circonspections, comme il seroit de besoin, (s'offrant aux yeux d'vn si grand personnage :) mais seulement d'enseigner vne ieunesse faineante pour proffiter vn iour au public en gaignant leur vie par cette manufacture dont la methode leur est icy enseignee. Je ne doute point que la Prattique en cecy ne soit meilleure à faire vn bon ouurier que la Théorie : car ès arts mechaniques la demonstration et action manuelle y est beaucoup plus requise que le discours. Toutefois tels preceptes pouuans servir à ceux qui en auront gousté tant soit peu les premiers rudiments, ioint aussi que l'authorité de la personne et la qualité sous laquelle marche ce petit liuret, qui est pour le bien et honneur de la Patrie, m'a semond de le donner au public. Tu le recueilleras donc selon l'idiome de ceux à qui l'autheur a affaire, à sçauoir à vne ieunesse rude et grossiere, yssuë de la plus basse lie du peuple, c'est pourquoy il a vsé des mesmes parolles. Or affin que tu puisse choisir ce qui te sera propre, et ce qui te viendra à gré parmy la varieté de ces tapis, il a disposé de ceste presente Stromatourgie en quatre parterres. Le premier desquels contient la signification et definition du mot *Stromatourgie*, le second l'antiquité et excellence d'icelle, le troisième monstrera de bien et deüement trauailler esdits ouurages, le moyen et les choses requises pour bien et deüement l'establir et la maintenir, et le quatriesme et dernier fera mention comment, et par qui elle a esté introduite.

SONNET

Sur l'inuention des Tapis de Turquie et autres ouurages de Leuant, introduits en France par Noble homme Maistre PIERRE DV PONT, Tapissier ordinaire du Roy esdits ouurages.

QVE les Turcs et Persans ne vantent plus leur art
A faire des Tapis, c'est maintenant la France
Qui en a ce iourd'huy la parfaite science
Dont DVPONT seul Autheur au public a fait part.
Serrez donc, Leuantins, vos Tapis à l'escart
Et nous laissez prudents garder nostre finance :
Car sage est celuy là qui par experience
Se corrige aux despens et du tiers et du quart.
Pour des chetifs Tapis, sans forme ny figure,
Vous attrapiez iadis nostre or et nostre argent.
Mais DVPONT à ce coup, d'un art plus excellent
Ornera le pays de sa manufacture,
Et malgré les efforts de la nécessité
Fermera le chemin à la mendicité.

C. D. B.

STROMATOVRGIE

ov

DE L'EXCELLENCE DE LA MANVFACTVRE DES Tapits dits de Turquie.

Definition du mot Stromatourgie.

I. Parterre.

Qviconqve desire sçauoir la parfaicte cognoissance de toutes les choses qui subsistent icy bas, ou qui frappent nos sens, et qui peuuent estre conceuës en nostre imagination; et de là, portees à nostre iugement pour en estre faict choix : Il est de besoin qu'il commence par l'ethimologie ou deriuaison d'icelles, et specialement quand elles nous sont inoüyes. Nous vsons bien souuent en nostre langue Françoise, de mots enrichis ou composez du Grec et du Latin, lesquels quand ils sont prononcez deuant vn peuple grossier et idiot, sont moquez et mal receus, pensant oüir quelque barbarisme, ou solecisme en la langue vulgaire.

C'est ce qui m'a occasioné de proceder premierement par la signification et definition de ce mot *Stromatourgie*, affin que ceux qui ne sçauent que c'est, entendent ce dequoy il est question en ce present liuret, et qu'en sçachant la signification et définition d'iceluy, le reste en soit plus facile à comprendre.

Stromatourgie donc est vne diction composée de deux mots Grecs Σρῶμα[1] et εργεῖα qui signifient ouurage en Tapisserie.

Stromatourgie, donc vaut autant comme qui diroit en François, *Ouurage ou manufacture de Tapis.*

Du premier Σρῶμα, Tertulian[2], Autheur Grec en a bien daigné intituler les plus doctes de ses liures. *Stromata,* c'est à dire Tapis, d'autant que tout ainsi que les Tapis sont composez de diuerses figures et couleurs : aussi les Oeuures de cet excellent escriuain, traictent de diuerses matières.

---

1. Στρῶμα. (Note des Éditeurs.)
2. Le manuscrit des Archives à *Tertulian* substitue : *Clement Alexandrin*. (Note des Éditeurs.)

*De l'antiquité, et
Excellence des Tapis ov Parterres.*

II. Parterre.

Tapis ou Tapisseries, sont proprement couuertures et ornemens, dont on se sert a couurir les parois, planchers, chaires, tables, et autres choses des maisons, pour les parer et orner. Iadis il n'y auoit que les Rois et grands Seigneurs qui en eussent dans leurs Palais, d'autant que la manufacture en estoit chere et precieuse, et les ouuriers rares, mais maintenant que les esprits sont plus subtils aux inuentions, qu'ils n'estoiēt par le passé, il y en a de tant de sortes et à si grand prix, qu'il y a moyen d'en contenter les plus grāds et les petits : De sorte que nous voyons vn chacun auoir sa maison, ou sa petite chambrette, tapissee par tout.

Nul ie croy ne peut reuoquer en doute, la noblesse, excellence, et antiquité de la manufacture des tapis, ou tapisseries : puisque Dieu seul tout puissant et eternel en a donné l'inuention, et s'en est voulu seruir en son sainct Tabernacle, comme les sacrez cahiers nous le tesmoignent en Exode. Chap. 35, où Moyse parlant au peuple d'Israël dit ainsi : *Ecce uocauit Dominus ex nomine Betsaleel*[1], *etc. impleuit que eum Spiritu Dei, Sapientia et intelligentia etc. Oholiab quoque filium Achisamech ambos erudiuit sapientia, ut faciant opera Abiëtarü, Polymitarü ac plumarü, de Hyacintho et purpura, coccoque bis tincto, et bysso, et texant omnia, ac noua quæque reperiant.* Et au trente-huictiesme chapitre, *Quæ Betsaleel domino per Moysen iubente*

1. Betsaleel. (Note de P. D.)

compleuerat, iuncto sibi socio Ooliab, etc. qui et ipse artifex lignorum egregius fuit, et polymitarius, atque plumarius ex hyacintho, purpura, vermiculo, et bysso.

Qui est donc celuy qui peut contempler l'admirable et industrieuse tissure de ce pauillon ou voile dressé à l'entrée de ce superbe tabernacle, où ceste Maiesté diuine se deuoit communiquer aux hommes, sans estre remply de merueille et estonnement : aussi estoit-il la figure de ce cœleste et eternel tabernacle, où nos ames bien-heureuses doiuent vn iour face à face contempler leur souuerain Dieu et createur eternellement glorieuses, Qui ne s'escriera auec le Poète :

*O felix tantis quæ primum industria rebus
Prodidit Authorem! Deus ille, aut proxima diuis
Mens fuit, in coecas aciem quæ magna tenebras
Egit, et ignauum perfudit lumine vulgus.*

C'est aussi ce que Platon en son Symposé a estimé l'inuention des arts si prodigieuse et supernaturelle qu'il a creu que Dieu en estant l'autheur l'auroit enseignee aux hommes, et auroit dit specialement de la manufacture des tapis, et l'art de tistre venir de la main de Minerue.

Mais laissant les autres arts à part, nous pouuons asseurer que l'art de la tapisserie a cela de priuilegié, que son premier vsage auroit esté appliqué au seruice du Tout-puissant, et par son commandement auroit esté specifiée et inspirée la methode, l'industrie, manufacture, les estoffes, et couleurs par l'esprit de Dieu en l'entendement humain, ayant premierement dissipé les tenebres de l'entendement de ces deux personnages abbrutis parmy l'erreur des deserts auparauant de leur communiquer l'entière clarté et l'intelligence requise à si beaux ouurages, ny qu'eux mesmes en fussent susceptibles.

Tant y a que nous voyons plusieurs arts et mestiers auoir esté attribuez à l'inuention des hommes, mais la manufacture des tapis et tapisseries, et choses qui en despendent, estre par vn tesmoignage veritable de l'Escriture saincte rapportée au seul Dieu qui est de toute eternité : Qui n'a rien commandé estre faict en la loy ancienne, qui n'ait contenu en soy plusieurs mysteres et secrets admirables pleins de signification et energie pour nostre salut.

Car quand il a voulu que ces courtines et cest habillement Pontifical fussent tissus de crespe retors teinct en couleur d'escarlatte, d'hyacinthe et de pourpre, qui nous signifient les quatre elements ; que sa bonté nous donne pour la necessité de nostre vie, et sans lesquels nous ne pourrions subsister vne minute : Il nous donne à entendre que nous ne pouuons paruenir en son tabernacle eternel sans ses graces qu'il nous a distribuë gratuitement, et par sa benignité immense et incōpréhensible.

Ceux qui se cognoissent aux blasons des couleurs scauent que par l'escarlatte brillante à nos yeux nous est représenté le feu :

Ardenti cocco radiare, dit Strabo et Siluius[1],
At contra ardenti radiabat Scipio cocco[2].
Ceste teincture d'escarlatte se faict d'vne graine prouenāte d'vn arbre semblable a l'Ieuse, ainsi que tesmoignent Pline et Discoride, et plusieurs teinturiers en laine.

Par l'hyacinthe, qui est de couleur bleuë, ou perse, nous est representé l'air, principal element de tous ani-

1. Strabo, l. 10. (Note de P. D.)
2. *Id.*, l. 17. (Note de P. D.)

maux qui rampent sur la terre, d'autant que ceste fleur Orientale est de la mesme couleur que ce que nous voyons parmy la vague de l'air, à scauoir le bleu.

Il y a plusieurs sortes de hyacinthes et de plusieurs couleurs, de rougeastres, de violets, de pourpre, de blanc, de bleu obscur, et de bleu clair : mais les plus communs sont de bleu clair, qu'on appelle auiourd'huy bleu mourant, qui est de la couleur de l'air. Ils sont ordinairement appellez Vaccietz du mot latin *Vaccinium*, et quand Virgile au second de ses Egloges dit

Alba Ligustra cadunt vaccinia nigra leguntur

Il entend parler de l'hyacinthe cheuelu, que les Arboristes appellent *hyacintus comosus*, qui est fort commun parmy les champs, et a plusieurs filaments d'vn violet fort obscur au sommet d'iceluy. Et Ouide en ses Metamorphoses decriuant la mort d'Aiax lors qu'il dit :

..... *Rubefactaque sanguine tellus*
Purpureum viridi genuit de cœspite florem, etc.

Il entend parler de l'hyacinthe purpurin : mais celuy-cy c'est l'hyacinthe Oriental estoillé, ayant la forme d'vne estoille lors qu'il est regardé de front, lequel n'a esté en vsage en ces contrées, que depuis que la loüable curiosité de quelques Simplistes nous les ont apportez des pays Oriētaux. C'est pourquoy ils en retiennēt encore le nom.

Par le pourpre nous est despeinte la terre de couleur noirastre, massiue et non resplendissante, ny diaphane, comme les autres couleurs, à cause de son espaisseur. Et voyons nous ordinairement les metaux, qui prouiennent de la terre ietter ceste couleur purpurine lors qu'ils ont passé par le feu, comme quand Virgile dit

..... *Ferrugine tinctus Ibera.*

Il entend les heaumes de fer qui auoient passé par le

feu, ayans acquis ceste couleur de pourpre, que nous appellons brunissure ou couleur d'eau ; ainsi que faict tout fer bruny passé par le feu, tous les metaux en font de mesme, mais en l'or et aux fueilles de cuiure qui se mettent sous les pierres precieuses, il s'y fait non seulement ceste couleur, mais vn tres-beau violet, vn beau rouge et vn vert, tirans aux couleurs de l'Iris cœleste, qui se font par vne menuë bruine causée des vapeurs de la terre, qui s'esleuent à l'opposite du Soleil.

Ceste couleur si precieuse, dont les vestements des anciens Empereurs, et les robes des Senateurs Romains, et ce lin de ce précieux tabernacle estoient teints, n'est plus maintenant en vsage, et auons perdu ceste excellente teinture, qui prouenoit, comme dit Pline liu. 9e, c. 36, d'vn poisson du genre de ceux qui portent coquilles qu'on appelle pourpres, portant en la gorge ceste precieuse liqueur.

Iulle Pollux dit que l'inuention en fut trouuée par Hercules, lequel cheminant auec vne ieune fille par les champs, et se reposans sur le bord de la mer, arriua que ceste pucelle voyant vn chien mangeant vn de ces pourpres, et ceste teinture luy resortant par les machoires, la trouua si parfaictement agreable, qu'elle iura a Hercules, qu'il ne se passeroit de là en auant aucune chose entre luy et elle, qu'il ne luy eust donné vne robe de pareille couleur, ce qu'il fit.

Or nous auons maintenant d'autres teintures qui equipollent à celle-là, mais qu'elles soient si belles et de telle durée, l'auarice, tant des marchands teinturiers et ouuriers, que de ceux qui veulent auoir les choses pour rien, nous en empesche.

Par ce lin ou ce fil de cotton deux fois retors susceptible de toute couleur, nous est representée l'eau propre à receuoir toutes sortes de figures et couleurs qui luy sont mises à l'opposite, comme les glaces des miroirs, ou bien lors que quelque couleur est meslée auec. Les autheurs anciens affirmēt qu'il procede d'vn arbre qui croist en Achaie, cōme dit Pline. Iulle Pollux dit qu'il en croist aussi aux Indes Orientales et en Égypte. Philostrate asseure qu'il vient d'vn arbre aussi haut que le peuplier, et ayant les feuilles semblables aux saules. La commune opinion et la plus probable est d'estre blanc : encore qu'il soit dit, qu'Apolonius fut fort aise d'en auoir trouué de couleur brune semblable à son habit, ce qui n'est vraysemblable ; car estant tel, il n'eust pas esté propre pour prendre toutes cesdites couleurs, comme fait le blanc.

C'est ce que nous appellons auiourd'huy crespe fin, que l'on peut teindre en diuerses couleurs.

Mais c'est vser icy d'vne trop longue digression, retournons à la noblesse, excellence et antiquité de nostre Stromatourgie, laquelle anciennement n'estoit tissuë tout au plus que de quatre couleurs, comme Pline tesmoigne, lequel contemplant tant de varietez de couleurs inuentées de son temps, admiroit l'antiquité, qui auec quatre couleurs seulement, du blanc, du vert, du rouge, et du noir, auoit sçeu faire tant d'immortels ouurages. *Contemplatione tot colorum, tanta varietate subit antiquitatem mirari quæ quatuor coloribus solis, illa immortalia opera fecerit, albo, viridi, rubro, nigro : omnia ergo meliora fuerunt, cum minor copia : nunc rerum, non animi pretiis excubatur.*

Aussi les Turcs et Persans, retiennent encore ceste methode, que de n'vser en leurs Tapis, que de sept principales couleurs, qui sont la base et fondement (ou selon l'art) le pied de toutes les autres. Or l'artifice d'auiourd'huy est de beaucoup plus admirable, quand il n'y a pinceau qui puisse si bien adoucir les couleurs, ny les mesler ensemble, comme faict la quantité des nuances que nous voyons maintenant sur chacune desdites teintures.

Or laissant ces particularitez nous deuons considerer et tenir pour certain, si nous voulons croire au liures de Moyse, que toutes les manufactures sont prouenuës des Hebreux, puis que selon nos liures sacrez, ç'a esté le premier peuple qui a habité la terre. Et est à presumer que les Égyptiens, ausquels Pline attribuë la tissure : *Ægyptiis textilia* l'auroient apris d'iceux.

Tant il y a qu'en tout et par tout il se peut remarquer combien est ancien l'art de faire de tels Tapis, ou couuertures pour orner les maisons : ou l'art de tistre, sous lequel mot, sont compris plusieurs arts et mestiers qui dépendent de la tissure, que Platon en son Politique, et en ses autres Oeuvres divise en Hyphantique[1], qui est la plus excellente pour le trauail de la laine : l'Histoutgie[2] et autres qui en approchent ; voire mesme nostre Stromatourgie y est incluse, y tenant le principal et plus haut degré : iusques-là que ce grand Philosophe s'esbat a desnombrer par le menu les outils et instrumens d'icelle, exprimer les noms de chacun, à quoy ils seruent et la metode de s'en pouuoir seruir.

Ie ne veux pas dire que ce fut vne mesme fabrique, comme celle que nous auons maintenant, d'autant que l'esprit plus subtilisé que deuant, la main plus adextre, l'experience plus certaine, l'inuention plus exquise, et

---

1. Ὑφαντικὴ τέχνη : art du tisserand. (Note des Éditeurs.)
2. Ἱστουργια : tisserandie. (Note des Éditeurs.)

la cognoissance plus grande, soit au choix des estoffes, ou teindre et adapter les couleurs, ou à proportionner le tout auec plus de symmetrie, ont apporté auec les temps vne telle perfection à cest art, qu'on le peut dire estre monté à son comble, et qu'il n'y a plus qu'à empescher qu'il n'en puisse décheoir, ce qui despend de la faueur publique, pour faire que le courage ne manque aux ouuriers : estant vn grand esguillon à quiconque met quelque inuention au iour,

..... *Si quem fauor æquus*
Prouehit, et pulchro reddit sua dona labori :

De ces anciens Hebreux, les Égyptiens et toutes les nations estrangeres ont puisé la science des arts mecaniques, et specialement de nostre Stromatourgie, qui n'estoit, ce semble, que pour l'vsage des Roys et grands Princes, ainsi que les vers de Catulle le monstrent, quand il descrit les nopces de Pelee et Thetis ;

Tota domus gaudet regali splendida gaza,
Puluinar vero Diuæ geniale locatur
Sedibus in mediis, indo quod dente politum
Tincta tegit roseo conchylis purpura fuco.

Puis de siecle en siecle les Milesiens s'estans annoblis par cest art, firent espandre par tout le monde, *Milesia Stromata.*

A Pergame aussi cest art y a esté fort estimé, et auons encore les tapisseries de Pergame qui sont paruenuës iusques en Italie, desquelles on fait vn grand trafic, comme pareillement les Princes barbares, qui ont imité les autres nations,

Iam tibi Barbaricæ vestes, Meliba que fulget
Purpura Thessalico concarum tincta colore.

Du depuis ils commencerent à y représenter quelques animaux, dont est venu l'appellation, *Belluata Stro-*

mata. Et à mesure que les années ont pris leur cours, les esprits s'estans formez a vne plus grande perfection, on a commencé à y former des personnages, comme le susdit Catulle l'affirme,

Hæc vestis priscis hominum variata figuris
Heroum mirâ virtutes indicat arte.

Quinte-Curce recite qu'Alexandre le Grand ayant subiugué le Monarque Darius, retint pour son vsage ses superbes tapisseries, desquelles il se seruoit pour ouyr derrière icelles toutes les affaires de son estat, et entendre les depositions des criminels.

Plutarque en la vie d'Agesilaus, raconte qu'iceluy voulant communiquer d'affaires auec Pharnabase, prince Persan en vn lieu destiné par eux, que ledit Agesilaus y estant arriué le premier, se coucha sur l'herbe pour l'attendre : et que Pharnabase y arriuant fit estendre vn tapis pour se coucher dessus, lequel il fit retirer peu apres pour se mettre sur l'herbe comme Agesilaus.

Du depuis à la longue nous voyons comme l'vsage s'en est espandu par tout, et auroit decoré iadis les premières Eglises et Palais de nos Roys. Sainct Hierosme en son Epistre seconde d'Epiphanius à Iean Euesque de Hierusalem dit ces paroles : *Præterea quod audiui quosdam murmurare contra me, quia quando simul pergebamus ad sanctum locum qui vocatur Betel, ut ibi collectam tecum ex more ecclesiastico facerem, ut venissem ad villam quæ dicitur Anablata, vidissemque ibi lucernam ardentem, et interrogassem quis locus esset, didicissemque esse Ecclessiam, et intrassem ut orarem : inueni ibi velum pendens in foribus eiusdem Ecclesiæ tinctum atque depictum, et habens imaginem quasi Christi aut Sancti cuiusdam*, etc.

Sainct Gregoire de Tours descriuant les magnificences

et l'appareil du baptesme de Clouis, dit ces paroles, *Velis depictis adumbrabantur plateæ Ecclesiæ*. Les François industrieux à suiure les inuētions qui leur viennent de dehors, et à les augmenter et enrichir n'ont pas esté des derniers à imiter les autres Princes, pour cherir chez eux telles manufactures : virent bien tost leurs maisons parees de tels tapis : car ce mesme Autheur, l. 3, c. 7, descriuant comme Thierry ayant deliberé de faire finir la vie de son frère Clotaire, *Expanso in parte domus illius tentorio de vno pariete in alterum*, fit cacher des gens arméz derrière : mais le tapis s'estant trouué trop court, fit que leurs pieds furent apperceus par ledit Clotaire, qui s'en alla mal contēt dudit Thierry. Monsieur le President Fauchet racōte la mesme chose en son l. 3, chap. 4.

Eginard sur la fin de son histoire faisant mention du testament de Charlemagne, qui veut que ses meubles soient vendus, et l'argent donné aux pauures necessiteux, récite entre autres, *Cortine Stragula Tapetes*, etc.

Le Roy Charles le Chauue avec plusieurs Prelats de France assemblez à Pontignon pour ouyr les Legats du Pape, porteurs d'une Bulle d'iceluy, declarant l'Archeuesque de Sens Primat des Gaules, dans vne grande sale en laquelle il est dict que tout estoit orné de tapis : *Domo ac subselliis, pallis et tapetibus protensis.*

Le sieur de Ioinuille faict mention que sainct Louys enuoya à l'Empereur des Sarrasins quelques tapis d'escarlatte fine, esquels il fit représenter en broderie les Mysteres de la religion Chrestienne, Qui nous donne a cognoistre qu'il n'y auoit encore en France nulle inuention des tapisseries de Haute-Lisse : et ne peut-on aucunement dire, ny en quel temps, ny par qui, telles tapisseries ont eté introduites en France, non plus que les tapis veloutez : sinon par vne sentence inserée ès vieux registres du Chastellet de Paris, esquels sont enregistrées les ordonnances de tous les mestiers de Paris, entre lesquelles ordonnances sont celles des tapissiers Sarazinois, en l'an 1295.

Il est à presumer qu'après l'entiere ruine des Sarazins par Charles Martel, en l'an 726, quelques vns d'iceux, qui scauoient faire de ces tapis, fugitifs et vagabons, ou possible reschapez de la deffaite, s'habituerent en France pour gaigner leur vie, et commencerent à faire et establir ceste manufacture de tapis Sarazinois. De sçauoir de quelle fabrique ny de quelle metode ou estoffe étoient faicts lesdits tapis, on n'en peut que iuger, sinon que l'on void par ladite sentence, que ces Tapissiers Sarazinois sont instituéz beaucoup devant les Tapissiers de haute lisse, comme on se le descouure facilement par ladite sentence, que i'ay voulu icy mettre de mot à mot.

« Après ce descort entre les Tapissiers Sarazinois
« deuant dicts d'vne part, et vne manière de Tapissiers,
« que l'en appelle en haute lisse d'autre-part : Sur ce
« que les Maistres Tapissiers Sarazinois disoient et
« maintenoient contre les Tapissiers de haute lisse,
« qu'ils ne pouuoient et ne deuoient ouurer en la ville
« de Paris, iusques à ce qu'ils fussent iurez et asser-
« mentez, comme ils sont, de tenir et garder tous les
« poincts de l'ordonnance, etc. Pource que c'est aussi
« un semblable mestier, etc. De la volenté et de l'as-
« sensemēt Renaud le Tapissier, Simon le Breton,
« etc., pour eux et pour le commun des Tapissiers
« Sarrazinois voulurent, louërent et approuuerent,
« etc. Ce adiousté par nous de leur commun accord,
« qu'iceux maistres ouuriers en haute lisse, pourront

« prendre et auoir aprentis, etc., pourront ouurer en la
« haute lisse tant comme ils pourront veoir de lueur
« de iour, et pourront trauailler dans la ville, etc. Et
« pour les choses dessusdites faire tenir et garder seront
« establis, à sçauoir vn maistre du mestier des Tapis
« Sarazinois, et vn maistre du métier de haute lisse. »

D'où l'on peut remarquer que lesdits Tapissiers Sarazinois estoient en possession dès long-temps, mais sur leur declin : et que lesdits Tapissiers de haute lisse commençoient à naistre, pour enseuelir et mettre hors lesdits Sarazinois, comme ils ont faict.

Tant il y a que ceste manufacture, si c'est la mesme, estant manquée en ces pays, soit qu'elle soit demeurée entre les Turcs, soit qu'elle ait esté perduë depuis ce temps, nous la voyons néantmoins estre releuée et restablie auec plus de perfection qu'elle n'a iamais esté, et qu'elle n'est en Turquie, et faut auoüer auec autant de verité, que loin de iactance et presomption, que toutes ces antiques tapisseries, si on les approche avec ces nouuelles qui se font auiourd'huy, elles paroistront beaucoup moins que la pourpre de Rome aupres de celle enuoyée par le Roy de Perse à Aurelian : *eique comparata Romana purpura quasi cinis decoloratus apparuit,* dit Lampride, encore qu'elles ayent esté fabriquées (comme il est à presumer) par les meilleurs ouuriers de ce temps là,

... his sancta vetustas
Artificum manibus, non umquam claruit ullo
Gloria texturæ seclo.

Or l'entrepreneur de ces nouuelles manufactures en France, qui despuis trente années a incessamment trauaillé pour les Roys et Reines esdits ouurages, et à l'establissement d'icelle manufacture, en a fait voir de si beaux traicts, qu'il laisse à iuger, si c'est plustost par iuste confiance de son industrie, que par ostentation qu'il ose dire, que ce seroit perdre le temps, que d'en rechercher de plus excellens.

Outre le grand profit qu'il estime auoir procuré au public, d'auoir estably vn seminaire de ieunesse auparauant inutile, de sorte que là où on voyoit autresfois la faineantise, mère de tout vice, là on contemplera vne fourmiliere de petits enfans, despourueus de parens et d'assistance, pressez de pauureté, estans en charge et incommodité au public, demener les bras et les mains à vn trauail sans peine, soubs vne douce education apprendre à gaigner leur vie, en profitant au public :

Ingenii redeunt fructus, aliique labores
Et vitæ pars nulla perit.

Œuvre très-agreable, tant enuers Dieu qu'enuers les hommes, de n'auoir voulu cacher ce talent, ains l'auoir departy au public, qui a induit le mauuais naturel de quelques-vns à faire triompher leur ingratitude, au preiudice de l'honneur et du profit que meritoit iustement le soin, la diligence, et le labeur de l'Inuenteur, lequel s'il eut voulu retenir son industrie pour luy et pour ses enfans, il n'eust esprouué maintenant une telle disgrace en sa vieillesse, ny de tels desplaisirs, et neantmoins il ne laissera de se resoudre en ses ennuis, quand il sçaura que les personnes de qualité et d'honneur cognoistront sa candeur et sa franchise, dont il a vsé enuers ceux, que la discretion luy defend de nommer.

*Qvelles choses sont
necessaires povr bien
et deuëment establir ceste Stromatourgie et la maintenir.*

III. Parterre.

Le sçauant Architecte ou le Maçon experimenté, lorsqu'il veut esleuer un bastiment à sa perfection, prend soigneusement garde de bien aligner son fondement, et à le poser sur vne terre ferme, et apporte tout le soin qu'il peut à choisir de bons materiaux pour y employer, afin qu'il puisse auoir vn iour le profit et le contentement de voir son ouurage paruenir à son entière perfection.

Aussi quiconque veut entreprendre quelque chose que ce soit, en ce monde-cy, doit premierement considerer quels fondemens il doit bailler à ses desseins et entreprises.

Les vrays et asseurez alignemens de toute la vie humaine, les plus roides pilotis, et le meilleur ciment que nous pouuons employer au fondement de toutes nos actions, pensées et desirs, pour les conduire et esleuer à vne bonne fin, c'est premierement l'Amour de Dieu[1] :

---

1. L'original porte en marge des manchettes que nous reproduisons ici en note. En regard de ce passage, on lit : *La première chose requise.*

secondement à celuy du prochain. Ce sont les deux principales pierres fondamentales que l'entrepreneur doit choisir, pour en faire les premieres assises de sō batimēt. Ce sont ces deux commandemens que Dieu nous a expressement ordonnez en ceste vie desquels despendent toute la Loy et les Prophetes. Ils sont le sommaire et l'abregé du deuoir que nous deuons, tant enuers Dieu qu'enuers les hommes : c'est vne liaison et concatenation tellement inseparable, que nous ne pouuons bien subsister en la societé humaine sans ce chaisnon.

Car quiconque ayme Dieu de tout son cœur, il ayme ou doit aymer son prochain comme soy-mesme, et quiconque n'ayme son prochain, il ne peut bien aymer Dieu comme il appartient, et par consequent ne peut receuoir aucune grace ny faueur du Tout-Puissant ; de sorte que nous ne voyons iamais les desseins et actions d'vn tel homme paruenir à vne bonne fin : *Nisi Dominus ædificauerit domum, in vanum laborauerunt qui ædificant eam.* Car c'est le commencement, le milieu et la fin où doiuent tendre toutes nos pensées, desirs et toutes nos actions : c'est luy qui nous donne et le vouloir et le parfaire selon son bon plaisir : et l'homme seroit bien outrecuide et despourueu de sens commun, qui croiroit pouuoir seulement former vne bonne parole, ny s'imaginer vne bonne pensée, sans l'assistance diuine : *Vani autem* (disoit la Sapience) *sunt omnes homines, in quibus non subest scientia Dei, et de his quæ videntur bona, non potuerunt intelligere eum qui est, neque operibus attendentes agnouerunt quis esset artifex.*

C'est donc à celuy qui veut entreprendre quelque chose, d'auoir recours à la grace celeste, affin de rien effectuer qui ne soit à l'honneur du Saueur et Createur de l'vniuers, recognoissant que toute bonne donation vient du pere des lumieres, comme dit le Poëte.

Omne bonum munus quod ab omni parte beatum
 A parte luminis est desuper adueniens
Ergo opus quisquis orditur, etc., etc.
 Inuocat hic primum numinis auxilium.

La seconde piece fondamentale et autant necessaire à ceste entreprise, c'est la charité et amour du prochain, sans laquelle charité, comme dit ce grand Docteur de l'Eglise Sainct Paul, nos œuures sont mortes et de nul effect enuers Dieu.

Celuy donc qui entreprend d'establir ceste manufacture[1], il y doit premierement proceder avec la crainte de Dieu, et ne rien executer qui ne soit a son honneur et gloire : secondement, qu'il ne soit au profit de la republique, et postposer touiours ses interests particuliers au deuoir qu'il doit, premièrement à Dieu, secondement à ses prochains, attendu qu'il a à instruire vne quantité de ieunesse, mal morigenée, lourde, et grossière, de laquelle il conuient supporter les foiblesses, imbecilitez, corruptions et malices ordinaires : c'est pourquoy il seroit de besoin qu'il eust quelque doctrine, affin de pouuoir remonstrer fraternellement, et non par iniures à telle ieunesse, et en cecy la patience y est extremement requise, comme aussi d'estre bon Catholique et de bonne vie et mœurs, affin d'estre vn exemple de piete et de vertu à ces enfans.

La seconde chose requise[2] pour ledit establissement, c'est vn lieu grand et spacieux pour dresser les mestiers, loger les enfans, seruiteurs, seruantes et autres officiers,

---

1. En marge : *Quel doit estre l'entrepreneur et maistre.*
2. En marge : *La seconde chose requise.*

comme l'homme d'Eglise, le concierge, maistres et entrepreneurs, portier, peintre, menuisier, et autres pauures personnes qui pourroient gaigner leur vie soubs lesdits maistres, à filler et retordre les laines, fil, soye, et à deuider icelles, et faire autres choses necessaires : de sorte que ce seroit vne petite republique, autant agreable à voir, comme vtile et necessaire à retirer vne quantité de faineans, qui gaigneroient leur vie paisiblement à la descharge du public.

Le lieu estant capable[1], il seroit aussi requis qu'il fust proche de l'eau, et qu'il y eust fourneaux garnis de leurs chaudières et autres vstensilles pour la teinture, comme est la Sauonnerie près Chaillot, de laquelle maison il seroit de besoin en esloigner les esgouts, l'infection desquels n'apporteroit pas seulement des dangereuses maladies aux habitants dudit lieu, mais empescheroit d'y pouuoir travailler en or et argent, d'autant que ces deux metaux noircissent estrangement dans vn mauuais air, et les laines et soyes y ternissent.

Pour le reglement general et particulier, cela appartenant a Messieurs du Conseil, qui s'en sont reseruez la direction de la dite manufacture. Ie le desirerois laisser soubs le silence, n'estant à vn particulier d'establir des loix sur vn general ; toutesfois en disant mon opinion, ie ne pense point encourir aucun blasme.

Donc il me semble, soubs correction, que la Maison de la Sauonnerie ayant toutes les choses requises à nostre Stromatourgie a esté iustement par le Roy et Messieurs de son Conseil concedée à Pierre du Pont inuenteur de ladite manufacture, et à Simon Lourdet iadis son aprenty, de laquelle toutesfois ledit du Pont n'a

---

1. En marge : *Quel doit estre le lieu.*

encore sçeu iouuïr, ayant esté empesché par les menées et sourdes prattiques du dit Lourdet, desirant tousiours estre seul : et par les administrateurs des pauures, lesquels en ont tousiours voulu faire vne escolle. Ce qui est du tout contraire a l'establissement de ladite manufacture, car Minerue et Vulcan ne s'accordent pas bien ensemble, et d'abondant il arriue souuent, qu'entre les enfans qui vont aux escolles et ceux qui trauaillent, il y a beaucoup de contrarietez, d'autant que les vns se ioüans, incitent ceux qui trauaillent à faire le semblable, et y sont quasi comme contraints ; de façon que bien souuent par malice, rompent ou gastent des estoffes, ou ne font rien qui vaille quand ils se voient retenus au trauail : en apres il se void bien souuent se faire deux brigues pour s'entrebattre et s'entre quereller, qui cause d'ordinaire des noises et diuorces entre ceux-mesmes qui ont la charge de cette ieunesse : a quoy Messieurs les administrateurs pourroient facilement remedier, en enuoyant les enfans qui seroient pour l'escolle aux autres Hospitaux, et ceux des autres Hospitaux qui seroient destinez au trauail, les amener en la maison de la Sauonnerie, de sorte qu'il n'y auroit qu'vn exercice dans la Sauonnerie et vn autre dans vn autre Hospital, et ne seroit tousiours que la chose mesme.

Pour l'apprentissage desdits enfans, ils seroient obligez, ainsi que le portent les lettres dudit establissement, mais il seroit de besoin de n'en obliger que cinquante les premieres six années, et au bout des trois ans desdites six années, en obliger cinquante autre, affin que les premiers monstrassent aux derniers. Il seroit necessaire que lesdits deux entrepreneurs eussent vne bonne intelligence ensemble, et que ce ne fust qu'vn, affin que quand l'vn seroit absent aux negoces de dehors, l'autre suppleast au deffaut, pour veiller sur lesdits enfans : ils pourroient estre neantmoins logez separement et n'avoir rien de commun l'vn auec l'autre. Il seroit expedient aussi, que tous differends, qui pourroient exciter quelque grand diuorce, ou trouble, ou causer quelques sinistres accidens fussent terminez par Messieurs les Directeurs ou Administrateurs, ou par celuy qu'il plairoit à Messieurs du Conseil y commettre.

Que les officiers, seruiteurs, seruātes, et autres paures ouuriers qui voudroient trauailler dans ladite Maison, pour y gaigner leur vie, seroient au gré des dits entrepreneurs ausquels ils obeyroient, affin de coupper la racine de toutes diuisions et querelles, ce qui arriue ordinairement à ceux qui ont à obeyr à deux maistres.

Pour la nourriture desdits enfans, et leur entretenement, celle des officiers, seruiteurs et seruantes, chaufage, blanchissage, et autres choses necessaires leur seront administrées par lesdicts administrateurs, ainsi que de coustume, ou pour le mieux, par lesdits entrepreneurs, ausquels pourroit estre distribuée une somme suffisante tous les mois, ou toutes les sepmaines, par telles personnes qu'il plairoit a Messieurs du Conseil, de laquelle ils respondroient par corps.

Voila à peu pres ce qui est du general, sauf a Messieurs du Conseil y adiouster ou diminuer.

Pour les reglemens particuliers, ils se font selon les lieux, et le temps, et les personnes, c'est pourquoy il n'est besoin icy d'en traiter.

Or d'autant que i'ai promis d'enseigner icy, tant qu'il me sera possible, la metode de bien trauailler esdits tapis, i'en toucheray icy vn mot en passant en faueur des enfans bien nais, et qui s'addonneront à la vertu, ensemble des choses requises et necessaires pour faire de plus beaux ouurages qui se soient encore veus, combien que telle chose dépende de la prattique.

Quiconque donc voudra estre bon ouvrier, il est de besoin qu'il sçache la pourtraiture et la peinture a destrempe, et qu'il en aye les outils necessaires, affin qu'il n'emprunte rien de personne, et qu'il sache faire luy-mesme ses patrons et desseins.

Qu'il soit propre[1] et net de sa personne, habile et diligent en son ouurage, et adroit en toutes ses actions. Sur toutes choses qu'il aye la crainte et amour de Dieu deuant les yeux, et quand il sera à son ouurage, qu'il garde le silence, car :

Pluribus intentus minor est ad singula sensus.

Il est impossible de songer à deuiser et à son œuure, et ne faut qu'oublier vn poinct pour corrompre la proportion de quelque compartiment ou d'vne fleur.

Pour les outils que doit auoir l'ouurier, c'est premierement, comme i'ay dit, ceux de l'illuminure, lesquels ie descriray en autre lieu, auec les portraicts de tous les outils necessaires audit art, ensemble la maniere de trauailler en or et argent : il se doit fournir[2] d'vn bonet, d'autant qu'vn chapeau ayant de grands bords, luy oste le iour, vn trenchefil, vn peigne, et des cizeaux qui soient pendus à sa ceinture, affin qu'ils ne puissent tomber à terre et qu'ils ne se rompent en tombant, deux cens de broches de buis ou d'ebene, ou de quelque bois dur, affin que le ver ne s'y puisse mettre, vne boiste a deux ou trois tiroirs, separée par le dessus en plusieurs quarrez : vne mesure de deux ou trois pieds

---

1. En marge : *Quel doit estre l'ouvrier.*
2. En marge : *Les outils particuliers qu'il doit avoir.*

marquée et distinguée de ses pouces, demypouces, et lignes, afin de pouuoir mesurer sa besogne au iuste.

Les outils qui seruent au general[1], sont les mestiers garnis de leurs montans, ou cotres, ensouples, verdillons, tentoirs ou leuiers, hardieres, perche de lisse, baston de croiseure, siège, contrepied, chables, cheuilles, clauettes et coussins. En après vne planche pour imprimer le papier : à faire les patrons : vn ourdissoir, vn tracanoir, vn vautoir, vn millier ou deux de rochets de buis ou de quelque bois où le ver ne se puisse mettre : vn roüet garny de sa noix et de sa broche, deux ou trois paires de tournettes. Ce sont les outils qu'il conuient auoir pour l'ouurage commun : mais quand il faut trouuailler en or, argent, ou soye, il est de besoin d'auoir encore beaucoup d'autres outils et vstenciles, desquelles ie ne feray icy mention, les reseruant, comme i'ay dict, à vn autre traicté a part : seulement ie traicteray icy de la maniere comme il faut donner commencement a son œuure.

La premiere chose donc que doit faire nostre ouurier[2], tous les iours deuant que de commencer son ouurage, c'est d'inuoquer la bonté diuine, afin qu'elle benisse le labeur de ses mains, et le face fructifier. En apres pour bien commencer son œuure, il est besoin qu'il considere combien de pieds ou d'aulnes doit auoir l'ouvrage qu'il entreprend, tant en sa longueur qu'en sa largeur, et de quelle fabrique il la doit faire, ou fine, ou grossiere, affin de se fournir d'estoffes conuenables et necessaires.

La premiere chose qu'il doit auoir c'est la chaisne, ou

---

1. En marge : *Les outils qui servent au général et leur dénomination.*
2. En marge : *Que doit faire premierement l'ouvrier*

grosse, ou deliee, selon l'ouurage qu'il veut faire ; et d'icelle en prendre la dixieme partie, pour la teindre en quelque couleur, pour faire ses dixaines. En apres[1] il faut qu'il en prenne vn brin, et qu'il en enueloppe sa susdite mesure dans l'espace d'vn poulce seulement, pressant son brin l'vn prés de l'autre s'il veut faire l'ouurage fin, ou les esloignant l'vn de l'autre s'il le veut grossier, et remarquer par ce moyen combien il y a de poincts audit poulce, en comptant lesdits brins qui sont entrez dans ladite espace de poulce, et par ainsi ayant facilement iugé combien de dixaines entrent en la largeur de son œuure, et en la longueur, il pourra faire ses patrons sur son papier imprimé[2].

En apres sa chaisne estant deuidee en pelotons[3], il la disposera en trois, ou en deux, ou simple, qui est la manière la plus certaine, mais plus longue ; et ageancera ses cheuilles en sorte sur son ourdissoir, qu'elles soient disposées à l'esquierre, c'est-à-dire, qu'elles ne penchent ny d'vn costé, ny d'vn autre, affin que les fils soient esgaux, et specialement celles du support : Et ainsi il commencera à ourdir sa chaisne, lui donnant tousiours 4. ou 5. pieds de longueur plus que l'ouurage ne porte, affin d'auoir ieu, sur la fin d'iceluy. Il ourdira donc à trois, ou deux à deux, ou vn brin seul, et prendra bien garde à bien faire sa croisure, et ne point mettre dauantage, que neuf points et puis la dixaine, Et en cecy il faut que l'esprit soit entierement occupé, et non diuerty, c'est pourquoy le silence y est extremement requis.

Ayant donc ourdy ainsi vne portée de dix, ou de

1. En marge : *Le commencement*.
2. En marge : *Patron*.
3. En marge : *Ourdissure*.

vingt, ou de trente dixaines, selon que les cheuilles peuuent porter et contenir, il y passera de petites ficelles, et les noüera, affin de retenir tousiours la dite croisure, et continuera de rechef, si besoin est, tant qu'il aye autant de largeur, comme son ouurage le requiert.

Puis ayant passé le verdillon de l'ensouple haute[1], par dedans la premiere espace de la croisure, et l'ayant chargé de toute la chaisne, il arrestera icelle avec vne ficelle attachée aux deux extremitez dudit verdillon, affin qu'elle n'en puisse eschapper : et par apres il passera deux cordes dans les deux autres espaces de la croisure, où les petites ficelles sont nouées, lesquelles il desnoüera et arrestera très bien les deux bouts de ses deux dites cordes, de peur que la croisure ne se perde : et par ainsi estendant ladite chaisne du long de son vautoir ouuert, il disposera facilement tous ses fils dedans chaque dent d'iceluy, selon la largeur de sondit ouurage, y donnant enuiron demy pied de chasque costé dauantage, pour empescher la restressissure qui arriue ordinairement. Et ayant ainsi disposé sa chaisne, il fermera ledit vautoir le liant fort bien de deux en deux pieds de peur qu'il ne s'ouure.

Ayant bien arresté tout ce que dessus[2], il desliera les dites deux cordes et montera son verdillon en haut, se faisant ayder par quelqu'vn à le poser dans la haueure de l'ensouple haute : puis y ayant arresté ledit verdillon auec les petites clauettes, il donnera vn tour à ladite ensouple, et alors il arrestera son vautoir par les deux bouts aux montans du mestier affin qu'il ne varie nullement, et ainsi en tournant icelle ensouple, il desmes-

1. *Vautoir.*
2. *Monture.*

lera aisement sa chaisne, laquelle s'enuelopera à ladite ensouple, ou estant à competente hauteur, il prendra le verdillon de l'ensouple basse, et le passera dans l'anneau de sadite chaisne, puis l'arrestera dans la heueure de ladite ensouple auec les petites clauettes disposees de pied en pied. Estant la chaisne ainsi disposee de la largeur que l'ouurage doit auoir seulement, il retiendra l'ensouple haute, affin qu'elle ne puisse rouler qu'a force, et puis apres il roulera de force celle d'en bas, et les filets s'enuelopans ainsi de force se banderont également en les desmeslant a mesure : De sorte que ayant ainsi recommencé ces tours d'ensouples alternatiuement auec effort, il trouuera sa chaisne tenduë esgalement par tout.

Par apres [1], ayant tout roullé ladite chaisne sur l'ensouple haute, et l'ayant bandee et arrestee auec le chable, tentoir, ou levier, cheuille et hardiere : il luy conuient trenchefiller sadite chaisne par bas auec de la ficelle, qui sert comme vn second vautoir, pour ranger ses fils chacun en sa place.

Le trenchefil estant faict [2], il conuient mettre la perche de lisse sur ses deux cheuilles, et ayant quelque baston bien vny, le passer dans ladite croisure ou est la premiere corde, et auoir deux petits aix qui soient de la longueur qu'il voudra faire les lisses, qui embrassent la perche de lisse et ledit baston : et ayant la ficelle cablée, deuidée en pelottons, il fera les lisses comme il appartient.

Les lisses estant faictes, il ostera ledit baston et les deux petits aix, et passera son baston de croisure à l'endroit dudit baston que vous aurez retiré, qui sepa-

1. *Trenchefilure.*
2. *Lisses.*

rera les fils, c'est à sçauoir les entredeux d'auec les lisses, comme nous les appelons, d'autant qu'vn poinct est faict de ces deux fils, a sçavoir de l'entredeux, et de celuy de la lisse.

Puis [1] il commencera à tramer pour bien arenger ses fils, et puis compasser ses dixaines d'vne ficelle, et puis apres de chaisne que vous poserez et dresserez au niueau, affin que le fondement de son ouurage estant bien droict, sa lisière s'en puisse mieux porter. Puis quand sa lisiere sera bien faicte du point de haute lisse, et bien dressée, il posera ses premieres rangees de poinct velouté, ou de Turquie, lequel poinct ne se peut enseigner, sinon par la pratique.

1. *Lisière.*

*Comment et par qui
laditte Stromatovrgie
a esté introduicte en France.*

IIII. Parterre.

Pierre Dupont natif de Paris, fils de Noble homme Mᵉ François Dupont, viuant Tresorier et Payeur de la Gendarmerie de France, et de Damoiselle Gillette Guiot : ayant quitté ses estudes incontinent après les Barricades de Paris, à cause de l'absence de sondit père, qui pour lors estoit au seruice du Roy en l'exercice de son Office, Et se voyāt par ainsi oisif et sans occupation, s'adonna de luy mesmes à plusieurs ouurages, ainsi que peuuent faire les enfans, plustôt par ieu et manière de passetemps, que pour quelque dessein qu'il eut d'en faire son proffit à l'aduenir.

Or entre autres ouurages esquels il occupa son esprit pendant ce malheur du temps (auquel toute la France se voyoit presque aux abois : et pour diuertir aucunement l'importunité d'vne nécessité extréme en laquelle luy et ceux qui estoient pour lors enfermez dans Paris estoient réduits) furent, affin de couper court, toutes sortes de tapisseries, tant à l'esguille, que faictes sur les mestiers, et à la pourtraicture et illuminure[1] : Ce qui luy reüssit assez heureusement, et principalement en la manufacture des tapis de Turquie, et autres ouurages du Leuant, qui se font auec l'esguille, desquels il inuēta les outils et la vraye metode pour y faire trauailler des enfans auec facilité.

Or tout ainsi qui auoit l'espreuue de tous ces ouurages

1. *Commencement de ladite manufacture.*

sans aucun dessein, aussi en quitta-il bientost l'exercice, se contentant seulement de sçauoir diverses choses et d'en pouuoir parler passablement.

Mais, soit par le malheur du temps, soit par les procez suruenus après la mort de sadite mère, pendant son bas aage, soit par les debtes accumulees durant tous ces troubles, soit aussi par l'ambition et auarice de ses plus proches : la pluspart de ses biens ayant esté vendus et dissipez, fut contraint d'auoir recours à ce qu'il auoit autresfois practiqué par plaisir, pour subuenir à sa vie.

S'étant donc adonné à l'Illuminure, feu Madame de Chasteauneuf[1] (que Dieu absolue) comme elle estoit Dame très-vertueuse et adonnee du tout à la pieté et déuotion, prit ledit Dupont à son seruice pour luy faire quelque paire d'heures d'Illuminure, et autres ouurages. Dequoy s'estant fidellement acquité, il fit veoir aussi à la dite Dame quelque temps apres (comme à la plus curieuse de Paris) quelques eschantillons de toutes sortes d'ouurages de Turquie faicts d'or, d'argent, de soye, et laine, lesquels comme chose non encore veuë, elle presenta à la Royne Mere, qui les fit voir tout à l'heure au feu Roy : Lequel peu de iours après allant voir les peintures de sa Gallerie, et de sa sale des Antiques, que feu M. Bunel son peintre faisoit alors, et entrant en la maison dudit Bunel, vid vn fonds de chaise faict d'ouurage de Turquie, que ledit Dupont y auoit laissé, et se resouuenant de ce que feuë Madame de Chasteauneuf, en auoit rapporté à la Royne commanda à feu M. de Fourcy, Intendant de ses bastiments et manufactures, de faire venir ledit Dupont en sa présence, ce qu'il fit le lendemain en la Gallerie haute.

1. *Progrès d'icelle par feüe Madame de Chasteauneuf.*

Venu donc ledit Dupont, il présenta à sa Majesté vn quarreau faict de soye et or auec vne chaire faicte de laine dudit ouurage de Turquie, que sa Majesté eut très agréable, et commanda sur l'heure audit sieur de Fourcy de faire bastir vn des logis de dessous sa Gallerie, auec vn attelier à costé pour ledit Dupont : pour estre comme vne pepiniere d'ouuriers de ladite manufacture, ce fut en l'an 1604. Auquel lieu il a tousiours fait sa demeure depuis le temps, et y a instruit plusieurs apprentifs, suiuant le commandement qu'il en auoit receu de sa Majesté, ainsi qu'il fait encore à present.

Or le feu Roy venant vn iour veoir vn emmeublement qui se faisoit alors pour son seruice, qui estoit d'or et de soye, et qui est auiourd'hui dans l'Hostel de Luxembourg : promist en la presence de beaucoup de Seigneurs d'establir ladite manufacture par toute la France, ainsi qu'il auoit faict celle des tapisseries de Flandres, de l'or de Milan, des estoffes de draps d'or et de soye, et d'autres : affin (comme il disoit) d'empescher le transport de l'or et de l'argent qui se fait hors du pays, par le traffic continuel desdites estoffes, et par ainsi enrichir la patrie, et faire trauailler vne infinité de faineans et vagabonds.

Mais la mort funeste de ce grand Monarque ayant donné fin à ses braues et genereux desseins, arresta par mesme moyen ledit Dupont en ses entreprises : Toutesfois sçachant que les Roys ne meurent point, il s'adressa au Roy à present regnant en l'annee 1626. venant veoir les ouurages qui se faisoient pour sa Maiesté, et luy fit entendre quelle auoit esté la deliberation du feu Roy, pour l'establissement de ladite manufacture, luy en proposant les moyens faciles, par la metode d'enseigner audit art les enfans qui demeuroient dans les Hospitaux, et les filles pareillement en plusieurs autres ouurages, ce que ledit Dupont promettoit et promet encore faire.

Auquel sa Majesté commanda d'en adresser la Requeste à son Conseil, affin d'y estre meurement pourueu. Ce qu'ayant deliberé faire ledit Dupont, et iugeant qu'il ne pourroit executer luy seul vne charge si onereuse, n'ayāt encore aucun de ses enfans en aage competant pour luy ayder : s'associa vn qui auoit esté son apprenty, nommé Lourdet, auec lequel et conioinctement il presenta ladite Requeste au Conseil.

Et pour paruenir à cest effect, ledit Dupont et Lourdet allèrent trouuer M. de Fourcy qui auoit la charge de feu son pere, lequel les présenta à M. Aubery Conseiller d'Estat, auec ladite Requeste, pour en faire son rapport audit Conseil : ce qu'il fit et a fait depuis auec tant de probité et d'equité, et auec tant de circonspection au bien public de la patrie, qu'il s'est montré vn rempart tellement inexpugnable contre les orages de l'enuie et de la mesdisance de quelques vns, qu'il en a obtenu les articles et Arrests suiuans, par sa seule diligence, ainsi qu'ils se peuuent icy voir, auec la suite d'une infinité de trauerses qu'ils ont rencontrez en quelques endroits.

MEDIIS TRANQVILLVS IN VNDIS.

(*Ici est une tête de page avec les armes de Dupont.*)

ELEGIE

SVR VN TABLEAV FAICT

d'ouurage de Turquie, ou la Vertu voilée assise sur vn fumier est representée sans pieds et sans mains et pour deuise est au bas

VIRTVS INVISA VILESCIT

D'où vient en ce temps-cy cest enigme nouveau
Où la vertu se veoit despeinte en vn Tableau,
Tendant les bras au Ciel, et la face voilée
Toute confuse en deuïl, sa robbe deschirée,
Scise sur vn fumier, et sans pieds et sans mains
Demeure comme vn spectre en horreur aux humains?
Et que sert ce fumier qui dans sa salle ordure
La Science et les Arts reduit en pourriture?
Sçache (Amy) quoy qu'vn homme esclatte de vertu
Et qu'il soit d'vn sçauoir exquis tout reuestu,
S'il n'est pourtant cognu et porté dessus l'aile
De la faueur des Grands comme à eux naturelle
Ou si de leur pouuoir enfin n'est assisté
Misérable il croupit dans la nécessité
C'est comme vn Diamant dans la salle poussière
Qui n'esclatte sinon que par autre lumiere.

C'est un corps mutillé et de pieds et de bras
Qui ne peut seulement desmarcher d'vn seul pas
Pour exposer au iour l'effect de sa science
Quoy qu'il le face voir par son experience.
Voila comme aujourd'huy quoy qu'on soit vertueux
On ne peut sans support en ce monde estre heureux.

P. P.

ANNEXES

CONTENANT

LA DÉDICACE DE LA SECONDE ÉDITION

DE LA STROMATOURGIE

ET LES

Actes, Arrêts, Avis, Brevets du Roi, Enregistrements, Factums, Lettres-Patentes et Requêtes, classés dans l'ordre chronologique par P. Dupont, à la suite de la *Stromatourgie,* en vue d'une seconde édition, publiés ici pour la première fois, soit en entier, soit par extraits, ou simplement analysés.

I.

DÉDICACE DE LA DEUXIÈME ÉDITION[1]
DE LA STROMATOURGIE

A TRÈS HAUT ET TRÈS PUISSANT SEIGNEUR
MESSIRE PIERRE SÉGUIER
CHEVALIER, SIEUR DE FOURQUEUX ET D'AUTRY, ET GARDE DES SCEAUX DE FRANCE.

Monseigneur,

Les sacrez cahiers nous enseignent que Jésus-Christ, autheur de paix et de justice, faisant son entrée en Hierusalem, tout le peuple alla au devant avec chants de joye et d'allegresse, prosternans à ses pieds leurs vêtemens et que Zachée ne pouvant le voir comme les autres à cause de sa trop petite stature monta sur un palmier pour le découvrir plus à son aise, et qu'il reçut, quoique des plus petits de la troupe, pour récompense de son affection, une parole de faveur de cette grandeur infinie.

---

[1］ La première édition, comme on l'a vu plus haut, était dédiée en 1632 à Charles de Laubespine, sieur de Châteauneuf. Ce seigneur étant tombé en disgrâce, notre Dupont, en quête de recommandations efficaces, s'empresse, dès l'année suivante, de mettre son livre sous la protection d'un autre personnage. Il ne faut pas trop se hâter toutefois de condamner cette versatilité. La seconde édition est à proprement parler un mémoire explicatif destiné à des juges et il fallait bien l'appuyer d'un puissant patronage. De plus, l'auteur ne fait nulle difficulté ici de reconnaître même qu'il avait commencé ses démarches auprès du garde des sceaux disgracié, preuve certaine que personne ne pouvait lui reprocher sa conversion vers l'astre naissant. Chacun eût fait de même à sa place.

Ainsi, Monseigneur, voyant tant de peuples se conjouir de votre heureux avènement au timon de cette monarchie françoise, j'ai osé prendre la hardiesse d'y courir avec les autres, ayant les mêmes ressentimens dès ma jeunesse que tout le peuple françois a encore maintenant de l'équitable justice qu'il a reçu de vos ancestres depuis tant de siècles durant lesquels ils ont tenus de père en fils les resnes de cet Estat, et ont esté par leurs vertus eslevez aux plus hautes dignitez de cet auguste Sénat de la France. Mais me reconnaissant trop bas et trop petit j'ay embrassé les palmes de votre bonté accoustumée pour me guinder et eslever à la contemplation des françois qui les semond aujourd'huy, et moy pareillement comme bon compatriote et conbourgeois, à chanter ce cantique d'esjouyssance et vrayement prophétie :

    On luy verra régir le peuple justement ;
    Il sera en honneur, il fera son office ;
    Les loix seront en prix, et jugeant droittement
    Soulagera le pauvre et lui rendra justice.

    Tous ses jours n'auront point en bonheur de seconds.
    Lors le peuple verra ses plus hauts monts produire
    En leur faveur la paix, tous les costaux feconds,
    La droiture et partout la justice reluire.

    Les pauvres desolez l'auront pour protecteur ;
    Juge de leur bon droit, gardera leur famille
    Du mal, et l'innocent du calomniateur,
    Et maintiendra le peuple en un état tranquille.

Ce sont là, Monseigneur, les souhaits et les vœux que prosterné aujourd'huy à vos pieds, cette Stromatourgie et son autheur languissans tous deux et presque terrassez par les malices et artifices d'un qui en tient tout son bonheur et son avancement, réclament à ce coup votre équitable justice pour les protéger et maintenir contre une ingratitude si dénaturée, comme avoit déjà commencé Monsieur de Châteauneuf auquel elle s'estoit vouée cy-devant.

Veuillés donc, Monseigneur, de vostre œil de justice et d'équité regarder l'autheur qui a donné au public une si rare manufacture et que votre authorité empesche qu'une telle ingratitude ne puisse désormais triompher du labeur et industrie qu'il a employé depuis trente années avec grandissime dépense pour establir une si belle invention qui se rendra encore beaucoup plus parfaite et expéditive qu'elle n'a été cy-devant soubs les heureux auspices de Vostre Grandeur, de laquelle je suis et serés toute ma vie,

Monseigneur,

Vostre très humble et très obeissant serviteur.

Pierre Dupont.

II.

Premier factum.

Cette pièce est la répétition du IVe Parterre de *la Stromatourgie*, sauf en quelques points qui sont ici plus précis.

Pierre Dupont dit avoir été, dès l'âge de cinq ans, élevé aux petites écoles, puis au collège Cardinal où il atteignit les premières classes à l'époque des Barricades[1]. Son père, qui avait pour office de payer les gages de MM. de la chambre des Comptes, suivit Henri III à Tours et y demeura jusqu'à la mort du roi. Ayant voulu rentrer dans Paris à la suite de la Cour, il aurait été arrêté par la Ligue qui lui aurait fait payer une grosse rançon.

Enfermé dans Paris avec sa mère et ses frères, P. Dupont, à la faveur de « divers ouvrages et spécialement de l'ilumi-

---

1. 13 mai 1588. Dans un second *factum* qui a motivé un brevet du roi en date du 30 septembre 1637 et qui doit être de cette même année, Pierre Dupont se dit plus que sexagénaire, ce qui le ferait naître avant l'année 1577. Il aurait donc eu onze ans au moins lors des Barricades.

nure a tasché de se maintenir dans le monde avec honneur et réputation, comme estant issu d'honneste famille, bien apparenté et allié de personnes qualifiées comme de Conseiller auditeur des comptes, Procureur général en ladite cour, Généraux des monnoies, Receveurs généraux ez provinces, Fermiers des quatre grosses fermes, Conseiller au Châtelet, et Procureur en la Cour, et de plusieurs maisons nobles du pays d'Anjou. »

C'est à l'occasion de son mariage, après le siège [1], que P. Dupont, « se voulant meubler, monta quelques chaises sur un mestier pour les faire à la façon des tapis de Turquie, qui estoit chose nouvelle en France, et non encore vue, sinon de ce que ledit Dupont en avoit fait dès avant le siège de Paris. »

Ce sont ces meubles, dont Henri-IV avait entendu parler, qui auraient motivé sa présentation au roi. Le souverain l'avait fait mander par le sieur de Fourcy; le peintre Bunel et un apothicaire de la reine se chargèrent de la commission et ainsi Dupont fut admis au lever du Roi.

C'est après avoir vu les ouvrages de P. Dupont que Henri IV « commanda dès l'heure mesme en presence de plusieurs princes et seigneurs audit sieur de Fourcy (intendant de ses bastimens et manufactures) de faire accomoder une maison et attelier dans saditte gallerie pour ledit Dupont ; auquel fut donné par ledit de Fourcy mandement aux ouvriers d'y venir travailler en diligence en l'an 1605 ; et, en l'année 1606, la veille des Rois, il commença d'en prendre la possession avec toute sa famille, et fut le quatrième logé par sadite Majesté dans ladite gallerie.

« Laquelle année et la plus grande partie de l'an 1607 fut employée tant à se meubler qu'à dresser quelques desseins, et faire quelques eschantillons dudit ouvrage d'or et de soye, pour faire voir à Sa Majesté ce qui se pouvoit

---

1. 1594. Pour se marier à cette époque, Dupont devait avoir plus de 17 ans. Il était donc né avant 1577.

faire de plus beau en laditte manufacture. — Ce que Sa Majesté ayant veu et les ayant trouvés excellens, elle commanda à Monsieur de Loménié, en l'année 1608, de luy délivrer un brevet de retenue et de ladite maison et attelier, dont la teneur s'ensuit, luy ayant au préalable permis d'establir laditte manufacture dans tout le royaume de France, et empêcher le transport de l'or et de l'argent qui se fait aux pays estrangers par le trafic continuel desdits Tapis. »

III.

Brevet du Roy.

(Paris, 4 janvier 1608.)

Aujourd'huy, quatriesme janvier 1608, le Roy estant à Paris, ayant résolu de retirer en ses logis et boutiques qui se font au dessous de la grande Galerie de son chasteau du Louvre aucuns ouvriers des plus rares et excellens ès arts et mestiers plus agréables à Sa Majesté, advertie de la suffisance et capacité de Pierre Dupont, tapissier ordinaire en tapis de Turquie et façons de Levant, et ayant résolu de s'en servir, mesme le loger près saditte Majesté, pour, aux occasions qui s'offriront, l'avoir plus prés d'Elle et en tirer service ;

Saditte Majesté lui a accordé l'un desdits logis, avec une grande boutique à costé dudit logis, pour y faire sa demeure ordinaire et y dresser ses mestiers pour travailler esdits ouvrages. A cette fin, veut et ordonne aux Intendants et Ordonnateurs de ses bastimens, marquer audit Dupont l'un desdits logis convenables pour s'y habituer et travailler en vertu du présent brevet que Sa Majesté a voulu signer de sa main et fait contresigner par moy, son Conseiller et secrétaire de ses commandemens.

(Signé :) Henry, et plus bas : de Loménie.

Et sur le dos est écrit : Enregistré par moy, intendant des bastimens du Roy soubsigné, à Paris, le huitième jour de janvier mil six cent huit. (Signé :) Fourcy.

Collationné à l'original escript en parchemin, fait, rendu par les nottaires et gardes nottes Nostre Sire en son Chastelet de Paris soubsignez, le premier juin mil six cent vingt sept.

(Signez :) . . . . . . et MEREL avec paraphes.

On voit qu'il n'est pas question, dans ce brevet, de l'établissement de la fabrication dans tout le royaume. Mais le roi accorda, à la fin de la même année, des lettres-patentes aux ouvriers établis sous la galerie du Louvre dans lesquelles sont nommés ces ouvriers, et par lesquelles il leur accorde certains privilèges exceptionnels.

IV.

LETTRES-PATENTES.

(22 décembre 1608.)

Ces « lettres-patentes portant privilèges donnez par Sa Majesté à ses officiers et artisans logez dans sa grande gallerie du Louvre, » publiées incomplètement dans les *Anciennes Archives de l'art français* (1re série, 1er volume), l'ont été intégralement dans les *Nouvelles Archives de l'art français*[1]; nous ne croyons pas nécessaire de les réimprimer une troisième fois[2], nous contentant d'en rappeler les dispositions principales :

— Autorisation de travailler pour le public, soit au Louvre, soit partout ailleurs;

— Faculté de prendre deux apprentis, l'un entrant en apprentissage lorsque l'autre aura fait la moitié de son temps;

— Réception des fils de maître et des apprentis comme maîtres tous les cinq ans, sans qu'ils soient astreints à faire un chef-d'œuvre, à se présenter pour la maîtrise, à rien

1. J. J. Guiffrey : *Logements d'artistes au Louvre* (tome II, année 1873), page 19 et suivantes.
2. La liste des artistes logés au Louvre donnée par le manuscrit de P. Dupont diffère de celle publiée dans les *Nouvelles Archives* par l'omission d'Antoine Ferrier, orlogeur, et par la bonne orthographe du nom de Maurice Dubout, tapissier de haulte lisse.

payer, à se faire inscrire au Châtelet en entrant en apprentissage.

— Les orfèvres seront tenus au poinçon particulier et à celui des gardes du métier.

— En cas de sortie des galeries du Louvre, sauf pour faute ou offense, maintien de la maîtrise partout où il plaira à l'artisan d'aller s'établir.

Suit un *Extrait des registres du Parlement* du 9 janvier 1609 portant enregistrement des lettres-patentes du 22 décembre 1608, sur la requête des artistes et artisans logés dans la galerie du Louvre.

En outre des privilèges généraux contenus dans les actes ci-dessus mentionnés, Pierre Dupont reçut cent livres de gages par année, comme le constate le certificat suivant :

V.

Certificat du sieur de Fourcy.

(27 novembre 1615.)

Nous, Jean de Fourcy, conseiller du Roy en ses Conseils d'Estat et privé, et intendant des batimens de Sa Majesté, certifions à tous qu'il appartiendra, que Pierre Dupont, tapissier, travaillant en tapis façon de Turquie dans l'une des boutiques de la grande Gallerie de Sa Majesté, et tapissier dudit Seigneur en laquelle qualité, et comme travaillant esdits tapis pour Saditte Majesté, est couché et employé dans l'estat signé de sa main, auquel sont compris les ouvriers retenus pour son service en laditte gallerie et payé de la somme de cent livres employez audit estat par chacun quartier par le trésorier des Bastimens de saditte Majesté en vertu de nos ordonnances. En témoin de quoy, nous avons signé le présent certificat, à Paris, ce 27ᵉ novembre 1615.

Pour servir de certification : Fourcy.

Collationné à l'original en papier rendu par les nottaires du Roy nostre Sire, en son Chastelet de Paris, soubsignez... Morel, avec paraphe.

— 52 —

Le cruel et détestable parricide commis en la personne sacrée du Roy Henry le Grand estant arrivé, ledit Dupont ne laissa pas d'estre continué aux mesmes conditions et gages que devant, lequel peu de temps après, s'adressa à la royne mère régente pour luy représenter la promesse que le feu Roy luy avoit fait pour l'establissement entier de ladicte manufacture, comme est dit cy-dessus, ce qu'elle approuva ; et de plus, voulut que douze pauvres filles ausquelles elle baille douze cent escuz pour les marier, fussent instruites en divers ouvrages, jusqu'à ce qu'elles eussent atteint l'aage de puberté ; mais ledit Dupont ayant rencontré tant de longueur et de difficultés en telles poursuites, il se contenta desdites promesses jusques à ce que l'occasion s'en pourroit rencontrer plus facile.

Peu de temps après, arriva le voyage du Roy en Bretaigne, qui fit naistre aux Parisiens une crainte de quelques brouilleries, ce qui fut cause qu'un chacun fut contraint d'aller à la garde des portes, et mesme ceux de ladite Gallerie en l'absence de Sa Majesté, lesquels, après le retour d'icelle, luy présentent leur requeste pour estre exempts de ladite garde, laquelle leur octroya le suivant brevet d'exemption d'aller à la garde des portes de Paris, donné par le Roy en faveur des ouvriers demeurans en sa Gallerie du Louvre, le 15 mars 1617, tel qu'il y est énoncé de l'autre part :

VI.

Exemption d'aller a la garde des portes de Paris donnée par le Roy en faveur des ouvriers demeurans en sa Gallerie.

(Mars 1617.)

Le Roy désirant gratifier et favorablement traitter les artisans logez dans sa grande Gallerie du Louvre, en considération de ce qu'ils travaillent journellement pour Sa Majesté et le public ès arts dont ils font profession, sadite Majesté pour leur donner tout sujet de continuer leur travail sans intermission ny divertissement, les a exemptez et deschargez, exempte et descharge d'aller ou envoyer à la garde des portes de ceste ville de Paris, pour quelque cause ou occasion que ce soit, deffendant aux prévost des marchands, eschevins, colonels, capitaines et tous autres qu'il appartiendra, de les y contraindre, ains les employer dans les rooles des exempts de laditte garde; veut Sadite Majesté qu'à cette fin la présente exemption et descharge soit enregistrée au greffe de l'hostel de ceste dite ville. Fait à Paris, le quinsiesme jour de mars, mil six cent dix sept.

Signé : Louis, et plus bas : DE LOMENIE.

Et à côté est escrit : Registré au greffe de la Ville pour jouyr par les impétrans du contenu au présent Brevet, suivant l'acte donné au Bureau de laditte ville de ce jour d'huy, treizième jour de juillet mil six cent vingt deux.

(Signé :) CLÉMENT.

Collationné à l'original en papier rendu par les nottaires du Roy au Chastelet de Paris soubsignez : ... MOREL, avec paraphe.

VII.

SENTENCE D'ENREGISTREMENT DUDIT BREVET DONNÉE EN L'HÔTEL-DE-VILLE DE PARIS.

(13 juillet 1622 [1].)

A tous ceux qui ces présentes lettres verront, Henry de Mesmes, Chevallier, seigneur d'Irval, Balagny, Mauru et Pargny, Conseiller du Roy nostre Sire en ses Conseils d'Estat et privé, président en sa Cour de Parlement, Prevost des marchands, et les Echevins de la ville de Paris, Salut. Sçavoir faisons que, veu la requeste à nous faite et presentée par les officiers et ouvriers de la grande Gallerie du Louvre contenant que le Roy, pour bonnes considérations, par son brevet du quinzième jour de mars mil six cent dix sept, les aurait deschargez et exemptez d'aller ou envoyer à la garde des portes et autres gardes de cette dite ville de Paris, pour quelque cause ou occasion que ce soit, comme il est plus au long porté par ledit brevet, requérant, attendu que ladite Gallerie est des dépendances du chasteau du Louvre, et les services qu'ils rendent journelle-

---

1. Bien que ce brevet ne soit que la reproduction de l'*Exemption*, comme ni l'une ni l'autre pièce ne se trouvent dans les registres de l'Hôtel-de-Ville, nous croyons devoir les publier.

ment à Sa Majesté ès ouvrages à quoy ils travaillent par son commandement, il nous pleust ordonner ledit brevet estre registré es rooles des exempts pour jouyr par eux de l'effect et contenu en icelui, comme il nous est mandé, considéré le contenu en laquelle requeste, veut ledit brevet portant exemption ausdits officiers et ouvriers d'aller ny envoyer à la garde des portes, donné à Paris le quinziesme jour de mars 1617, signé : Louis, et au dessous : De Loménie, avons ordonné que ledit brevet sera registré au greffe de la ville pour jouyr par lesdits ouvriers et officiers de la grande Gallerie du Louvre de l'exemption mentionnée en icelluy. En tesmoin de ce nous avons mis à ces présentes le scel de ladite Prévosté des marchands. Ce fut fait et donné au Bureau de la ville, le mercredy treiziesme jour de juillet 1622. (Signé :) Clément.

Collationné à l'original en parchemin rendu par les notaires du Roy Nostre Sire en son Chastelet de Paris soubsignez : .... Morel, avec paraphe.

VIII.

Acte d'association de Pierre Dupont et de Simon Lourdet.

(5 septembre 1626.)

Par devant les notaires gardes nottes du Roy Nostre Sire au Chastelet de Paris soubsignez furent présens en leurs personnes honorable homme Pierre Dupont, tapissier ordinaire du Roy, demeurant à Paris es galleries du Louvre, d'une part, et Simon Lourdet, aussi tapissier, demeurant à la Savonnerie près Chaillot, d'autre part, lesquels parties, de leurs bons grez et bonnes volontez, ont recogneu et confessé eux estre associez et associent à la poursuite qu'il conviendra faire pour obtenir un privilège du Roy touchant le restablissement de leur manufacture et à tout ce qui proviendra desdites manufactures, dons et privilèges, pour estre le tout partagé entre eux également par moitié, à la charge de contribuer aussi, pour chacun sa moitié, à tous les frais qui seront faicts tant audit establissement qu'ès choses dépendantes d'iceluy, à quoy les parties de part et d'autre y apporteront le soing et diligence nécessaire, sans que l'un ny l'autre puisse associer ny commettre personne au fait de ladite manufacture, dons, privilèges et dépendances, que par le consentement mutuel l'un de l'autre, ny pareillement qu'ils ne pourront agir et négocier aucunes affaires au fait de ce que dessus, que par l'advis commun d'eux deux, et de porter aussi à commun frais par moitié la perte qui pourroit arriver en ce que dessus, sans en la présente société comprendre les ateliers, logemens et ouvriers, obligez qu'ils sont de présent de part et d'autre, et lesquels demeureront en la possession de chacun en son particulier, car ainsi a esté accordé entre les parties. Promettant et obligeant chacun en droit soi..., renonçant d'une part et d'autre. Fait et passé ès estudes des nottaires soubsignez, l'an 1626, le cinquiesme jour de septembre, avant midy ; et ont signé la minute des présentes demeurée vers Paisant l'un desdits notaires soubsignez. (Signé :) Dupuis et Paisant.

Collationné à l'original en papier et fait rendu par les notaires du Roy nostre Sire en son Chastelet de Paris soubsignez...... Morel, avec paraphe.

Enfin fut résolu de présenter une requeste au Roy et Messieurs de son Conseil, que ledit Dupont dresseroit, ce qu'il fit ; et fut présentée à Sa Majesté estant à Saint-Germain-en-Laye, et à Nosseigneurs de son Conseil, au mois de septembre dernier 1626.

IX.

Requête au Roi.

(Septembre 1626.)

Au Roy et à Nosseigneurs de son Conseil.

Sire,

Vous remonstrent avec toute humilité vos très humbles et très obeyssans serviteurs et subjects, *Pierre Dupont*, vostre tapissier ordinaire en tapis de Turquie et ouvrages de Levant, et *Simon Lourdet*, travaillant aussi en ladite manufacture, que l'intention du feu Roy Henry le Grand, vostre père, de glorieuse mémoire, ayant esté d'enrichir son royaume de plusieurs arts, sciences et manufactures, tant estrangères que non encore veues en France, le trafic desquelles enlevoit, comme il enlève encore aujourd'huy, de grandes sommes de deniers hors de ce royaume, et fait que le menu peuple se trouve tellement denué et accablé de pauvreté et misère, qu'à peine peut-il respirer, auroit fait choix de plusieurs personnes pour faire réussir sadite intention au faict de l'establissement de toutes sortes de manufactures nouvelles et estrangères pour le bien, utilité et contentement de ses subjects, afin que l'or et l'argent qui se transporte continuellement hors de cet Estat demeurast ès mains d'iceux; et, entre autres, suivant son édit du 22 décembre 1608, vérifié en vostre Parlement le 9 janvier 1609, auroit estably ledit Dupont dedans sa gallerie du Louvre pour installer ladite manufacture de toutes sortes de tapis de Turquie, et autres ouvrages de Levant, non encore pratiquée en France, tant en or, argent, soye, fleuret, que laine, ainsi qu'il se voit en plusieurs tapis et autres emmeublemens que ledit Dupont a faict pour Vostre Majesté et pour la royne vostre mère; et sous la charge et conduite dudit Dupont, feu Sa Majesté auroit entretenu quelques apprentifs dudit art, en quoy il auroit si heureusement réussi et spécialement en la personne dudit Lourdet que l'on voit dejà une quantité de petits enfans travaillans en ladite manufacture que luy mesme a dressez et charitablement instruits en l'hospital de la Savonnerie-lès-Chaillot, auquel lieu plusieurs seigneurs et gens de qualité ont veu combien lesdits ouvrages surpassent en beauté et bonté la manufacture estrangère, et scachant lesdits supplians que le désir de Vostre Majesté a toujours esté tel que de suivre ceste résolution, et qu'elle n'a rien tant en recommandation que le bien et utilité de son peuple et d'empescher par tous moyens le transport de l'or et l'argent hors son royaume, afin que non seulement il se disperce dans les mains de ses subjects, mais aussi que les estrangers attirez par l'excellence desdits ouvrages y apportent le leur, et que son peuple s'occupe et se puisse soulager du fruit de son art et manufacture;

A ceste cause, il se présente maintenant aux pieds de Vostre Majesté comme père du peuple et restaurateur des arts et sciences, pour luy faire ouverture cy après très facile, utile et nécessaire à tel effect, sans surcharger Vostre Majesté ny le public, mais laquelle au contraire donnera un extrême contentement à Vostre Majesté, et à tous ses subjects un très grand profit et utilité; et, par ce moyen, se verra employée à une chose vertueuse et profitable une infinité de jeunesse que l'on voit par les villes et hospitaux inutile et fainéante, laquelle pour n'avoir rien appris à gaigner leur vie, se rendent avec l'aage, comme une fourmillière de voleurs et vagabonds dans les meilleures villes de France.

I.

Premièrement, s'offrent lesdits supplians (pour le bon plaisir de Vostre Majesté) d'enseigner et instruire audit art tel nombre d'enfans qu'il sera jugé expédient pour l'establissement de ladite manufacture dedans les hospitaux ou autres lieux pieux qui se pourront trouver dans les villes de vostre royaume, commodes et spacieux pour loger lesdits enfans et lesdits supplians avec les mestiers et autres ustancilles nécessaires pour ledit establissement, lesquels leur seront livrez en bon et suffisant estat par les maires et eschevins desdites villes, gouverneurs et administrateurs desdits hospitaux, du consentement de Monsieur le cardinal de la Rochefoucault vostre grand aumosnier préalablement pris, estans lesdits hopitaux dépendants de sa charge et direction, à la charge que lesdits mestiers et ustencilles demeureront propres auxdits hospitaux pour y continuer après eux ladite manufacture.

II.

A cest effect, rooles seront faicts et signez tous les ans desdits enfans par vostredit grand aumosnier ou sesdits grands vicaires sur les lieux, lesdits maires et eschevins desdites villes, gouverneurs et administrateurs desdits hospitaux des pauvres enfans, natifs d'icelle; et entre iceux seront choisis privativement par eux ceux d'entre eux lesdits pauvres qui se trouveront orphelins, lesquels seront recogneux par lesdits entrepreneurs avoir l'inclination et l'esprit porté aux bonnes mœurs et l'apprentissage dudit art et manufacture, pour y estre mis, logez, nourris, instruits et médicamentez soubs leur conduite et direction jusqu'à tel nombre que le revenu desdits hospitaux ou les bienfaits des habitans desdites villes le pourra porter;

servant ledit roole ainsi signé par eux d'obligation desdits pauvres envers lesdits entrepreneurs pour six ans complets et consécutifs, comme si c'estoit un acte d'apprentissage passé devant notaire.

III.

Et pour ce qu'aucuns ennemis du bien public et envieux dudit establissement pourroient destourner, enlever et débaucher aucuns desdits enfans, soubs quelque faux et simulé pretexte avant que d'avoir achevé le temps de leur apprentissage pour les faire travailler en leurs maisons ou les occuper en d'autres exercices, ils supplient Vostre Majesté faire deffenses à toutes personnes, de quelque qualité ou condition qu'elles puissent estre, d'en débaucher ou retirer aucuns sur peine de mil livres d'amande, s'il s'est trouvé que telle subornation soit faite par gens de moyens, et de punition corporelle si elle est faite par gens de néant, confiscation des mestiers et de l'ouvrage qui y sera trouvé, et généralement tous outils et ustancilles servans en ladite manufacture; moitié au profit desdits enfans, et l'autre desdits entrepreneurs.

IV.

Et d'autant qu'aux maistrises des autres arts et mestiers, il se commet beaucoup d'abus et que ceux qui veulent parvenir à la maistrise en sont ordinairement detournez et empeschez par les despences superflues et excessives qu'il leur convient faire, pour n'en frustrer lesdits pauvres enfans, il plaise ordonner Vostre Majesté que lesdits enfans pourront acquérir la maistrise, tant en ceste ville de Paris qu'aux autres villes de vostre royaume où ils voudront s'habituer sans estre abstraints faire aucun chef-d'œuvre, prendre Lettres, se présenter à la maistrise, faire appeler les maistres desdites villes ny leur payer aucun festin, ny estre tenu se faire inscrire par nom et surnom au registre de vostre procureur au Chastelet de Paris ou d'ailleurs, comme elle a accordé en faveur des ouvriers de votre gallerie du Louvre, rapportant par eux seulement un extrait signé par vostredit grand aumosnier desdits rooles où ils auront esté employez pour faire leur apprentissage, et certificat signé desdits entrepreneurs, contenant comme ils auront employé le temps entier de leur apprentissage utilement, et leur suffisance et capacité en ladite manufacture.

V.

Et d'autant que l'or et l'argent qui se transporte aux estrangers par le trafic continuel qui se fait desdits tapis et autres emmeublemens est autant de diminution en ce royaume et appauvrit de plus en plus vos subjects, qu'il plaise à Vostre Majesté faire très expresses inhibitions et deffenses à toutes personnes, de quelque qualité ou condition qu'ils puissent estre, que durant dix-huit années prochaines, à commencer du jour de la publication et vérification des présentes, ils n'ayent à achepter, ny faire venir hors, ny dedans cestuy vostre Royaume aucuns tapis de Turquie, ny autres emmeublemens de pareille estoffe, ny en vendre d'autres que ceux qui auront esté faicts et fabriquez en iceluy, ou ceux qui auront esté marquez de la marque de Vostre Majesté par lesdits supplians, sur peine de confiscation desdites marchandises, chevaux et charettes, avec amende de trois mille livres, le tiers pour la nourriture desdits enfans, deux cent livres pour le dénonciateur et le reste pour lesdits entrepreneurs ; et faire pareille deffenses de dresser aucun mestier de ladite manufacture ou rentraicture d'icelle sans la permission desdits supplians, à peine de confiscation desdits mestiers, ouvrages, ustencilles, et généralement tout ce qui concerne ladite manufacture, applicable comme dessus (a).

VI.

Mais parce que lesdits entrepreneurs souffriront beaucoup de pertes par le dégast des estoffes et outils que fera ceste jeunesse non encore stilée ny instruite en tel exercice, et qu'il leur conviendra perdre beaucoup de temps à dresser si grande quantité d'enfans, la pluspart mal adroits et stupides, il plaise à Vostre Majesté, attendu que lesdits supplians n'ont aucune avance ny assistance de personne pour dresser une telle manu-

---

(a) *Nota* : que les mêmes deffenses ont esté faites pour les flamants par un édit du feu Roy, art. 5, et par la confirmation d'iceluy par Votre Majesté, art. 9 cy attachez.

facture, et que ledit establissement ne peut estre tant général qu'il puisse fournir le public dès les premières années, permettre auxdits supplians, tant pour leur donner moyen en quelque sorte de s'establir que pour recompenser leurdite perte et travail, de faire venir pendant le temps de dix ans prochains seulement, à compter du jour de la vérification et publication des présentes, la quantité de tapis de Turquie qu'ils jugeront estre nécessaire avec ceux qu'ils pourront fabriquer pour la commodité publique, sans payer pour iceux aucuns impots ou entrées partout votre royaume (b).

VII.

Et pour obvier aux fraudes et abus qui se pourroient commettre par marchans ou autres personnes qui en pourroient faire venir pour les vendre en cachette, ou par ceux qui en ont encore en leurs maisons, boutiques ou magasins, qu'il leur soit enjoint de déclarer auxdits supplians quel nombre ils en ont à présent et les exhiber pour y estre mis et apposé la marque de Vostre Majesté, et ce dans huit jours à compter du jour de la publication des présentes, et qu'à faute de ce faire seront lesdites marchandises confisquées au profit comme dessus; et pour le droit de telle marque, qu'il plaise à Vostre Majesté octroyer auxdits supplians de chaque tapis dix sols pour leur peine et vacation.

VIII.

Et affin de descouvrir telles fraudes, qu'il soit permis auxdits supplians, assistez de vos huissiers ou sergents, d'aller visiter par tous lieux et endroits où ils jugeront lesdites marchandises estre cachez, les saisir et mettre en main tierce pour estre vendues, et les deniers attribuez comme dessus, sans qu'il leur soit besoin d'autre permission que de ces présentes ou copies d'icelles deuement collationnées, et en cas d'opposition ou litige, qu'il soit procédé par devant Messieurs les maistres des Requestes de vostre Hostel ou gens tenans vos Parlemens où lesdits entrepreneurs ou leurs commis seront habituez et résidens.

(b) Ainsi qu'il a esté accordé ausdits flamants par le 2e édit, art. 9.

IX.

Et pour faciliter ledit establissement, et faire que lesdits ouvrages se puissent vendre au public au mesme prix, estant de la mesme beauté et bonté que ceux des estrangers, qu'il plaise à vostredite Majesté permettre ausdits supplians de faire venir les estoffes nécessaires pour ladite manufacture de quelques endroits de vostre royaume que ce soit, sans payer aucunes entrées ou impositions mises ou à mettre sur telles marchandises, lesquelles mesmes ils pourront apprester ou faire apprester en leurs maisons ou ailleurs, pour leur usage, par telles personnes que bon leur semblera, comme filler, carder, retordre, teindre, et autres façons necessaires pour ladite manufacture, sans pouvoir estre empeschez ny visitez par les maistres ou jurez desdits mestiers, desquels lesdites façons dépendront. En outre, qu'ils puissent lotir et achepter lesdites marchandises en tous lieux qu'elles arriveront auparavant qu'aucuns marchands en soient saisis pour empescher leurs monopoles qui causent ordinairement la cherté sur lesdites estoffes (c).

X.

En faveur duquel establissement, tant à cause de l'invention de ladite manufacture que ledit *Dupont* a introduite en ce royaume, que pour le service qu'il a rendu à Vostre Majesté par son travail continuel et désire rendre encore cy-après, que aussi pour la vigilance et charitable diligence qu'a apporté desjà ledit *Lourdet* à instruire telle jeunesse, et pour les inciter davantage et donner moyens à leurs enfans de continuer de plus en plus en ladite manufacture, qu'il plaise à Vostre Majesté de déclarer lesdits *Dupont* et *Lourdet* domestiques et commençaux de vostre maison, ensemble leur postérité nés, ou à naistre en loyal mariage, en tiltre de noblesse, pour en jouyr ensemble des exemptions, franchises, libertez, immunitez et privilèges, tels et en la mesme manière qu'en jouyssent les autres nobles de ce royaume, sans qu'à iceux ny à leurdite postérité

(c) Que le mesme a esté accordé auxdits flamants par le 1er édit, art. 6.

on puisse imputer le trafic qu'ils feront desdites marchandises, outre l'entreprise desdites manufactures, pour actes desrogeant à noblesse. Pareillement, qu'aussi il plaise à Vostre Majesté (afin que lesdits supplians ne soient distraits de leur travail ordinaire en des occupations litigieuses) les vouloir exempter de toutes tutelles, curatelles, subrogations, commissions, et de toutes charges, tant personnelles que publiques, ne pouvans estre contraints de les accepter, si ce n'est de leur consentement (*d*).

XI.

Et attendu que le fruict de leurdit labeur et travail ne doit pas s'estendre seullement pour eux, mais pour leurs femmes, et enfans, afin qu'ils puissent suivre les mesmes traces que lesdits supplians leur auront dressées tendant au chemin de la vertu, et servir à l'advenir Vostre Majesté ; qu'il lui plaise, arrivant le deceds desdits supplians ou de l'un d'eux, ordonner que leurs femmes ou enfans entretenans ladite manufacture soient installez et mis ès maisons, ateliers, et autres lieux qu'ils possèdent pour le présent et pourront posséder à l'advenir, sans aucun contredit et difficulté, pour jouyr des mesmes pensions, dons, privilèges et exemptions par nous cy-devant octroyées et spécifiées cy-dessus, selon leur forme et teneur, sans qu'il soit besoin à leursdites femmes ou enfans d'autres lettres ny expéditions que ces présentes, ou coppies d'icelles deuement collationnées. Telles liberalitez et gratifications provenans de la pure bonté et bienveillance de Vostre Majesté obligeront de plus en plus lesdits supplians et un nombre de petites âmes à louer Dieu et le supplier pour la conservation et augmentation de Vostre Royale Majesté.

(*d*) Ainsi qu'il a esté accordé ausdits tapissiers flamants par le 1ᵉʳ édit, art. 1, et au 2ᵉ, art. 2.

X.

Advis de Monsieur le Lieutenant civil. et Prevost des marchands, et de Monsieur le Procureur du Roy au Chastelet de Paris.

(6 février 1627.)

Veu par nous, Nicolas de Bailleul, sieur de Vatetot sur la Mer, et de Soisy-sur-Seine, Conseiller du Roy en ses Conseils d'Estat et privé, lieutenant civil de la Prevosté et Vicomté de Paris, et Prevost des marchands de ladite ville; et Guillaume de Levrat, sieur de Lancro, aussi Conseiller de Sa Majesté, et son procureur au Chastellet, les articles présentez au Roy par *Pierre Dupont*, tapissier ordinaire de Sa Majesté en tapis de Turquie et autres ouvrages de Levant, et *Simon Lourdet*, travaillant aussy en ladite manufacture, affin de leur accorder le contenu en iceux, aux franchises, libertez et conditions y mentionnées, lesquels nous auroient esté renvoyez par Sadite Majesté et Nos seigneurs de son Conseil, pour donner nostre advis sur iceux par renvoy du trentiesme décembre 1626, signé : Bardeau ; et, après avoir exactement veu iceux articles en nombre de onze et les privilèges accordez par Sa Majesté aux sieurs *de Comman* et *La Planche*, flamans, travaillans en tapisserie de basse lice aux Gobelins du faubourg Saint-Marcel, et autres privilèges accordés en faveur des ouvriers des galleries du Louvre, Nostre advis est, sous le bon plaisir du Roy et nos seigneurs de son Conseil, que Sa Majesté peut accorder ausdits *Dupont* et *Lourdet* la manufacture desdits tapis et ouvrages façon de Turquie et du Levant par toute l'estendue de ce royaume, comme estant très utile et nécessaire pour la conservation de l'or et argent qui se transporte journellement hors d'iceluy pour l'achapt desdits ouvrages, et aussi pour occuper quantité de pauvres enfans qui demeurent mendians et fainéans faute d'estre instruits et enseignez à gaigner leur vie, et ce aux charges, conditions, modifications cy-après déclarées ;

Scavoir : sur le premier desdits articles, qu'il soit permis ausdits *Dupont* et *Lourdet* de prendre tel nombre d'enfans qu'ils trouveront propre pour ladite manufacture ès hopitaux de ce royaume, qui seront nourris et entretenus aux despens desdits hospitaux, et les mestiers et ustancilles fournis par Sa Majesté, en cas que lesdits hospitaux ne peussent porter la despense qu'il y convient faire.

Sur les deux, trois et quatre articles, sommes d'advis du contenu d'iceux, à la reserve toutefois que lesdits enfans, ayant fait le temps de leur apprentissage, seront menez par lesdits entrepreneurs par devant le procureur du Roy du Chastelet de Paris et autres juges ordinaires de ce royaume pour faire le serment de maistre, ainsi qu'il est observé par les enfans de l'hospital de la Trinité de ceste ville de Paris, qui ne payent aucuns frais; lequel privilège sera accordé seulement à ceux qui auront faict apprentissage soubz ledit *Dupont* et *Lourdet*, et les apprentifs faits cy-après par autres qu'eux seront reçeus à l'instar des autres mestiers de ceste ville.

Quand au cinquiesme, il semble estre juste et raisonnable. Pour le sixième, n'a esté trouvé raisonnable; mais que pour récompenser lesdits entrepreneurs il pleust à Sa Majesté leur accorder quelque pension honeste, comme il a esté accordé aux sieurs *de Comman* et *La Planche*, flamants.

Le septième article : il sera nécessaire de faire une deffense générale à toutes personnes de ne faire entrer aucuns tapis dans ce royaume, lorsque la manufacture sera establie, à peine de confiscation d'iceux; lesquels entrepreneurs pourront avoir des commis sur les frontières pour y prendre garde, sans toutefois qu'ils puissent aller fouiller dans les maisons, si ce n'est qu'ils eussent un advis certain qu'il y eust desdites marchandises, estant à propos de limiter un certain temps pendant lequel l'on en pourra faire venir en France pour en accomoder le public, à la charge de donner autre temps certain à ceux qui en ont pour s'en deffaire après la deffense publiée desdits tapits : ledit temps passé, il sera bon d'establir une marque qu'iceux entrepreneurs visiteront lesdites marchandises estans accompagnez d'un maistre et garde du bureau desdits marchands, et, à leur deffaut, d'un commissaire du Chastelet ou officiers royaux des lieux.

Le huitiesme : que les contestations qui arriveront seront jugez par devant nous et juges ordinaires des autres lieux.

Sur le neufviesme, que lesdits entrepreneurs ne se serviront d'autres estoffes que celles qui naissent en ce royaume, sans payer aucuns droits ny impositions.

Et quand à celles qui seront amenées par les marchands, il soit loisible ausdits entrepreneurs de lottir conjoinctement avec les marchands et ouvriers desdites villes.

Et pour le regard des dix et onziesme articles se rapportant à Sa Majesté, de leur accorder le contenu en iceux.

Faict à Paris, ce sixiesme jour de febvrier, mil six cent vingt sept, signé : DE BAILLEUL et LEVRAT.

XI.

AVIS DE M. DE FOURCY, SURINTENDANT DES BATIMENS ET MANUFACTURES.

(16 février 1627.)

Nous, Henry de Fourcy, seigneur de Chessy, Conseiller du Roy en ses Conseils d'Estat et privé, Surintendant et Ordonnateur des bastimens et manufactures de Sa Majesté, après avoir veu la requeste présentée au Roy et à Nosseigneurs de son Conseil par *Pierre Dupont*, tapissier ordinaire de Sa Majesté en tapis de Turquie et autres ouvrages de Levant, et *Simon Lourdet*, travaillant aussy en ladite manufacture, contenant plusieurs et divers articles pour parvenir à un général establissement d'icelle en ce royaume, et au bas de laquelle est un arrest du Conseil, en datte du trentiesme jour de décembre dernier, signé : BARDEAU, par lequel est ordonné que ladite requeste nous sera communiquée pour sur icelle donner nostre advis à sadite Majesté, et iceux articles diligemment par nous considerez, avons trouvé que l'exposé au commencement de ladite requeste par eux présentée contient vérité, non seulement en ce qu'il est généralement recogneu par tout le monde que les manufactures servent d'ornemens et causent l'abondance en tous estats bien gouvernez ; mais encore en ce que ledit *Lourdet* se recoignoist avoir été institué et nourry audit art par ledit *Dupont* aux dépens de sadite Majesté, soubz les ordonnances de deffunt Monsieur de Fourcy, nostre père et prédécesseur en nostredite charge, auquel art il auroit si bien réussi que ce qu'il a commencé d'establir en la Savonnerie, près Chaillot, est une preuve très assurée du fruit que l'on doit attendre de leur entreprise, qui, favorisée autant qu'elle le mérite, retiendra grande quantité d'or et d'argent en ce royaume et donnera le moyen à un million de personnes de gaigner leur vie commodément. Et pour les premier, second et troisiesme articles de leur requeste, nous sommes d'advis, soubs le bon plaisir du Roy et de Nosseigneurs de son Conseil, qu'ils leur soient accordez en la forme qu'ils sont, et qu'il soit adjousté ensuite du premier qu'ils jouyront desdits lieux en commun, mesme de ladite Savonnerie, afin d'entretenir une bonne et mutuelle correspondance.

Pour le quatriesme, nous avons trouvé très à propos de retrancher les despences superflues et peines que les apprentifs en ladite manufacture pourroient avoir pour leur maistrise. Ce néantmoins, il nous semble qu'il seroit bon de les obliger à se présenter seulement au magistrat et chef de police, sans aucun autre chef d'œuvre ny despence.

Quand aux cinquiesme et sixiesme articles, il nous semble que ce seroit faire tort au public que d'accorder la deffense y contenue avant un fruict certain de cest establissement duquel le Roy et nos seigneurs de son Conseil estans cy après satisfaits, et le public fourny des ouvrages que ladite manufacture produira, lors plus raisonnablement ladite deffense se pourra publier.

Mais d'autant qu'il semble que ledit *Dupont* et *Lourdet* désirent ceste deffense pour en tirer profit et leur tenir en quelque façon lieu de la récompense qu'ils doivent espérer du service qu'ils veulent rendre au public, nostre advis est que Sa Majesté leur accorde pareille pension qu'aux flamands, à prendre icelle comme eux par nos ordonnances, et affin que cette pension soit utilement employée, nous sera enjoint d'avoir pareil esgard sur le présent establissement que sur lesdits flamands, pour y apporter pareille affection et le faire bien et deuement entretenir, et nous espérons que le public en recevra pareille contentement que desdits flamands qui n'auroient jamais subsisté sans le soin et le travail que mondit sieur de Fourcy y a de son vivant apporté. Quand aux deffenses de leurs semblables mestiers ny faire pareil establissement, elles sont raisonnables, desquelles néantmoins seront exempts ceux qui auront appris ledit art dans la gallerie soubs ledit *Dupont*, aux priviléges desquels il ne sera point desrogé.

Il nous semble raisonnable que les sept et huictiesme articles soient réunis pour en faire mention lorsqu'après un parfaict établissement il plaira au Roy faire la défence susmentionnée.

Quant au neufviesme, il nous paraît juste, sauf à nosdits seigneurs du Conseil d'ordonner ce qu'ils adviseront bon estre pour la conservation des droicts deubs à Sa Majesté, et que lesdits *Dupont* et *Lourdet* pourront seulement lottir les marchandises avec les autres marchands des villes où elles arriveront, et où le présent establissement sera faict.

Le dixième sont gratifications accordées aux flamands et desirées de Sa Majesté, laquelle en fera ce qu'il lui plaira.

Par l'onziesme et dernier desdits articles, nous trouvons qu'il est plein de justice, et néantmoins, bien considéré, il en peut arriver de grands inconvéniens contre le présent establissement, d'autant que chacun desdits *Dupont* et *Lourdet* pouvans avoir quantité d'enfans de tous sexes, dont les uns seront instruits en ladite manufacture et autres non, et spécialement les filles qui peuvent estre mariées à des hommes faisans d'autres professions, et qui venans à partir le droict qu'ils auroient audit establissement comme un héritage, la portion d'un chacun se trouveroit si petite que le désordre et confusion s'y pourroit facilement glisser, qui seroit la totale ruine d'iceluy; pour ce, nostre advis est que Sa Majesté et Nosseigneurs de son Conseil se réservent le droict et liberté, en cas de deceds de l'un desdits entrepreneurs, d'en disposer en faveur de la veufve, ou de celuy ou de ceux de leurs enfans qui en seroient trouvez les plus capables suivant les advis que lors nous en pourrons donner, qui sera un moyen asseuré pour la perpétuité du présent establissement et un prix qui esguillonnera leurs enfans de se rendre capables de succéder à leurs pères.

Faict à Paris, ce seizième jour de febvrier 1620. Signé : Fourcy.

Collationné à l'original par moy conseiller et secrétaire du Roy le. . . . . . jour de mars 1627. Signé : . . . . . avec paraphe.

Lesquels advis et requestes estant rapportez au Conseil, fut ordonné ce qui s'ensuit :

Les sieurs de Roissy, Fouquet et de Léon, Conseillers au Conseil d'Estat du Roy, sont commis et députez pour voir et examiner les propositions desdits *Dupont* et *Lourdet*, et en faire rapport audit Conseil. Faict au Conseil d'Estat du Roy, tenu à Paris, le troisiesme jour de mars 1627. Signé : CORNUEL.

Après lequel arrest, Messieurs les commissaires députez s'assemblèrent au logis de Monsieur de Boissy pour examiner lesdits advis et requestes, l'examen et opinion desquels estans rapportez, et iceux ouys en plein Conseil, fut donné arrest deffinitif comme s'ensuit :

XII.

ARRÊT DU CONSEIL D'ÉTAT

(Paris, 17 avril 1627)

Avec ses divers enregistrements de 1630 à 1634.

Veu la requeste et articles présentez au Roy en son Conseil par *Pierre Dupont*, tapissier ordinaire de sa Majesté, et *Simon Lourdet*, pour l'establissement ès principales villes de ce royaume de la manufacture de toutes sortes de tapis de Turquie et autres ouvrages du Levant non encores pratiquez en France, et instruction en ladite manufacture de plusieurs jeunes enfans estans ès hospitaux desdites villes, au pied de laquelle requeste est l'ordonnance dudict Conseil, du trentiesme décembre 1626, que icelle requeste sera monstrée au Lieutenant civil et au sieur de Fourcy, Surintendant des bastimens de sadite Majesté, pour luy donner advis sur le contenu en icelle, et icelui veu, pour estre par elle ordonnée ce que de raison ; advis dudit Lieutenant civil et du Procureur général du Roy au Chastelet de Paris, du sixième febvrier dernier ; autre advis dudit sieur de Fourcy, Surintendant des bastimens de sadite Majesté, du seiziesme dudit mois et an ; edict faict pour l'establissement de la manufacture des tapisseries de Flandres du mois de janvier 1607, enregistré en la cour de Parlement de Paris, chambre des Comptes, et Election de ladite ville, les vingtiesme juillet, treiziesme aoust et dix-neufviesme septembre ensuivant ;

articles accordés par sadite Majesté à *Marc Descommanses*, *François De la Planche*, entrepreneurs de l'establissement de la fabrique et manufacture desdites tapisseries en ce royaume, pour la continuation de ladite manufacture, du dix-huitiesme avril 1625, enregistrées en la cour du Parlement de Paris le cinquiesme febvrier ensuivant;

I.

Le Roy, en son Conseil, a accordé audit *Pierre Dupont* et *Simon Lourdet* la fabrique et manufacture de toutes sortes de tapis, autres emmeublemens et ouvrages du Levant, tant en or, argent, soye, fleuret, que laine, pour dix-huit années, à commencer du premier jour de juillet prochain de la présente année 1627, aux clauses et conditions qui ensuivent :

II.

Métiers fournis[1].

Premièrement, seront lesdits entrepreneurs tenus d'enseigner et instruire audit art, en chascune bonne ville de ce royaume, tel nombre d'enfans qui leur sera prescrit et ordonné, et qui sera jugé nécessaire pour l'establissement de ladite manufacture dans les hospitaux ou autres lieux qui se trouveront dans lesdites villes ou faubourg d'icelles, commodes et spatieux pour loger lesdits enfans et lesdits entrepreneurs, ausquels les maires et échevins desdites villes seront tenus de fournir les mestiers et autres ustancillçs nécessaires pour ladite manufacture, à la charge qu'ils demeureront propres ausdits hospitaux, pour y continuer ladite manufacture après le deceds desdits entrepreneurs.

III.

Roole.

Et, à cest effet, sera faict tous les ans en chascune ville où lesdits entrepreneurs auront esté establis, un roole qui sera arresté et signé par le grand aumosnier de France ou l'un de

1. Ces titres sont en marge sur l'original.

ses grands vicaires estans sur les lieux, les Maires et Echevins desdites villes, gouverneur et administrateurs desdits hospitaux, et par lesdits entrepreneurs, des pauvres enfans natifs desdites villes qui se trouveront propres pour l'apprentissage dudit art, pour estre logez, nourris et entretenus dans lesdits hospitaux, jusques à tel nombre que le revenu d'iceux hospitaux et les bienfaits desdites villes le pourront porter, et instruits audit art et mestier par lesdits entrepreneurs; lequel roole ainsi signé servira d'obligation desdits pauvres enfans envers lesdits entrepreneurs, et desdits entrepreneurs envers lesdits enfans pour six années complettes et consécutives, comme si c'estoit un acte passé pardevant nottaires.

IV.

Deffenses de retirer les enfans.

Ne pourront pendant ledit temps lesdits enfans quitter et abandonner ledit art et mestier, ny se retirer d'avec lesdits entrepreneurs, sous quelque prétexte que ce soit, auparavant que d'avoir achevé le temps de leur apprentissage. Faisant Sadite Majesté très expresses inhibitions et deffences à toutes personnes, de quelque qualité et conditions qu'elles soient, de retirer aucuns desdits enfans pour les faire travailler en leurs maisons ou les occuper en d'autres exercices, ny de les recevoir et admettre à leur service, sans la permission desdits entrepreneurs, des maires, echevins, gouverneurs et administrateurs des hospitaux qui auront signé lesdits rooles, à peine de cinq cent livres d'amende applicables ausdits hospitaux et de punition corporelle s'il y eschet.

V.

Maistrise pour les enfans.

Après que lesdits enfans auront accomply le temps de leur apprentissage audit art, veut et entend Sadite Majesté, qu'ils puissent jouyr du droict de maistrise dudit art et mestier, tant en ceste ville de Paris qu'aux villes de ce royaume, et où ils voudront s'habituer, sans estre contraints de faire aucun chef-d'œuvre, prendre lettres, ny payer aucun festin ou frais pour ladite maistrise, en rapportant par eux seulement un extrait du roole où ils auront esté employez pour faire leur apprentissage, et un certificat desdits entrepreneurs du temps de leurdit apprentissage et de leur suffisance et capacité audit art. A la charge toutefois qu'ils seront tenus de se présenter par devant le procureur du Roy des lieux où ils auront faict leur apprentissage pour les recevoir au serment dudit mestier, sans qu'ils soient tenus de payer aucunes choses pour raison dudit serment, et n'aura lieu ledit privilège que pour ceux qui auront esté instruits audit art dans lesdits hospitaux, et non ailleurs.

VI.

Deffenses de dresser mestiers.

Et affin que lesdits entrepreneurs puissent recueillir le fruict de leur labeur, Sadite Majesté leur a accordé que, pendant ledit temps de dix-huict années, aucuns ne puissent dresser des mestiers de ladite manufacture en quelque lieu que ce soit de ce royaume, sans leur permission, à peine de confiscation desdits mestiers, ouvrages et ustencilles, applicable ausdits entrepreneurs, se réservant Sadite Majesté, après que l'establissement de ladite manufacture aura esté fait en telle sorte que l'on en recognoisse le fruict et que ce royaume puisse estre par le moyent dudit establissement fourny suffisamment desdits tapis et autres meubles façon de Turquie, de pourvoir sur les deffenses requises par lesdits entrepreneurs, de faire entrer en cedit royausme aucuns tapis de Turquie pour esviter au transport de l'or et de l'argent qui se porte aux estrangers, pour le trafic continuel qui se fait desdits tapis.

VII.

Estoffes. — Deffenses de visiter.

Permet Sadite Majesté ausdits entrepreneurs, de faire venir toutes sortes d'estoffes nécessaires pour ladite manufacture de quelque lieu et endroit que ce soit, en payant les droits d'entrées et impositions qui se lèveront sur lesdittes marchandises, lesquelles lesdits entrepreneurs pourront apprester ou faire appresteren leurs maisons, pour leur usage, par telle personne que bon leur semblera, comme filer, carder, retordre, teindre ou autres façons nécessaires pour ladite manufacture, sans pouvoir estre empeschez ny visitez par les maistres jurez desdits mestiers, desquels lesdittes façons dépendent. Et, outre, pourtant lesdits entrepreneurs pourront lottir et achepter les marchandises dont ils auront besoin pour ladite manufacture en tous lieux, concurremment avec les autres marchandises desdites villes.

VIII.
Pension. — Logement.

Et d'autant que lesdits entrepreneurs pourront souffrir beaucoup de perte par le dégast des estoffes et outils que feront lesdits enfans non encore stilez ni instruits esdits exercices, et qu'il leur conviendra employer beaucoup de temps à dresser un si grand nombre d'enfans pauvres, Sadite Majesté, pour les recompenser desdites pertes et pour recognoistre aucunement les services qu'ils rendront à cest estat par le moyen dudit establissement qui empeschera le transport d'or et d'argent que l'on fait hors du royaume, a accordé auxdits *Dupont* et *Lourdet*, et à chacun d'eux, la somme de quinze cent livres de pension par chacun an, laquelle leur sera payée sur les deniers octroyés par Sa Majesté pour l'entretement des pauvres enfermez, sur lesquels octroys sera encore pris et fourni ce qui sera nécessaire pour la nourriture et entretenement des pauvres enfans qui seront destinez et mis en la maison de la Savonnerie pour être instruits par lesdits entrepreneurs audit art et manufacture en cas que les aumosnes qui se font audit lieu ne se trouvent suffizantes pour la nourriture et entretenement desdits enfans.

Voulant Sadite Majesté que lesdits entrepreneurs soient establis en laditte maison de la Savonnerie près Chaillot, et qu'il leur soit baillé logement et lieux commodes pour y establir ladite manufacture et y instruire continuellement jusqu'au nombre de cent enfans audit art et mestier.

IX.
Noblesse. — Exemption de charge.

En faveur duquel establissement, et en considération de ladite manufacture que ledit *Dupont* a introduite en France, et de la grande assiduité et diligence que ledit *Lourdet* a desjà apporté pour instruire beaucoup d'enfans audit art, Sa Majesté a déclaré lesdit *Dupont* et *Lourdet* nobles, domestiques et commenceaux de sa maison, et iceux en outre maintenus et conservez, ensemble leur postérité nais et à naistre en loyal mariage qui entretiendront ledit art et manufacture, au tiltre de noblesse pour en jouyr, ensemble des exemptions, franchises, immunitez et privilèges, tels et en la mesme manière qu'en jouissent les autres nobles de ce royaume, sans qu'à eux ni à leurdite postérité on puisse imputer le trafic qu'ils feront des marchandises procédans desdites manufactures pour actes desrogeans à la noblesse, dont, en tant que besoin est ou seroit, Sadite Majesté les a dès à présent relevez et dispensez.

Voulant en outre Sadite Majesté, affin que lesdits entrepreneurs ne soient distraits de leur travail ordinaire, qu'ils soient exempts de toutes tutelles, curatelles, subrogations, commissions, et de toutes charges, tant personnelles que publiques, lesquelles ils ne pourront estre contraints d'accepter, si ce n'est de leur consentement.

X.

Confirmation pour les enfans.

Arrivant le deceds desdits *Dupont* et *Lourdet*, ou de l'un d'eux, Sadite Majesté veut et entend que leurs femmes et enfans entretenans ladite manufacture soient installez et mis ès maisons et atteliers et autres lieux qu'ils possèdent à présent et pourront posséder à l'advenir pour jouyr des mêmes pensions, dons, privilèges et exemptions cy devant octroyez audit *Dupont*, et autres cy dessus specifiez, sans qu'il soit besoin à leurs veufves ou enfans d'autres lettres ny expéditions que ces présentes, ou coppies d'icelles bien et deuement collationnées.

XI.

Veut et ordonne Sadite Majesté que le sieur de Fourcy, Surintendant des bastiments et manufactures de Sa Majesté, aye l'œil et esgard à l'establissement et entretenement desdites manufactures, et qu'il y apporte tout le soin et la diligence requise pour la protection et manutention d'icelle, ainsi qu'il a faict par le passé ès autres manufactures establies par Sadite Majesté en ce royaume.

Fait au Conseil d'Estat du Roy tenu à Paris le dix-septiesme jour d'avril 1627. Signé : Bardeau. Et à costé est escript : collationné avec un paraphe, et scellé du grand sceau de cire jaune à simple queue.

Collationné à l'orignal par moy, conseiller et secrétaire du Roy, le premier jour de juin. Signé : Boulleau, avec paraphe.

Registrées, ouy le Procureur général du Roy, pour jouyr par les impétrans de l'effect y contenu, aux charges portées par le registre de ce jour ; à Paris, en Parlement, le neuf mars 1630. Signé : Du Tillet. — Et plus bas : Registrées semblablement en la chambre des Comptes, ouy le Procureur général du Roy, pour jouyr par les impétrans de l'effect et contenu en iceux, ainsi qu'il est contenu en l'arrest de ce faict le vingtiesme jour de juin 1630. Signé : Gobelin. — Registrées en la cour des Aydes, ouy sur ce le Procureur général du Roy, pour jouyr par les impétrants de l'effect et contenu en iceluy selon sa forme et teneur suivant l'arrest d'aujourd'huy, à Paris, le vingt-uniesme jour de febvrier 1633. Signé : Boucher. — Registrées au greffe de l'Election de Paris, ouy le Procureur du Roy, pour jouyr par les impétrans du contenu esdites lettres et y avoir recours ; faict au bureau de l'Election, le troisiesme jour de juillet 1634. Signé : Bachelier, avec un paraphe.

La commission adressante en la Cour de Parlement : trente-six escus.

Et pour les deux annoblissemens : soixante-dix-huit livres parisis chacun qui doit : visa, registrata.

Louis, par la grace de Dieu, roi de France et de Navarre, à nos amez et féaux conseillers les gens tenant nostre cour de Paris, salut: Ayant aujourd'huy arresté et accordé en nostre conseil certains articles à nous présentez par nos chers et bien amez *Pierre Dupont*, nostre tapissier ordinaire, et *Simon Lourdet*, pour l'establissement ès principales ville de nostre royaume de la manufacture de toutes sortes de tapis de Turquie et autres ouvrages du Levant non encore pratiqués en nostre royaume et instruction en ladite manufacture de plusieurs jeunes enfans estans ès hospitaux de nosdites ville, Nous vous mandons et ordonnons que ledit arrest et article y attachez soubz le contre scel de nostre Chancellerie, vous ayez à faire registrer, garder et observer de poinct en poinct selon leur forme et teneur, sans souffrir ny permettre qu'il soit faict, mis et donné ausdits *Dupont* et *Lourdet* aucun trouble ou empeschement, contre et au préjudice d'icelle.

Mandons et commandons à nostre huissier ou sergent, premier sur ce requis, faire pour l'entière exécution dudit arrest et articles toutes les significations, deffences et autres actes et exploits requis ou nécessaires, sans demander autre congé ny permission ; car tel est nostre plaisir. Donné à Paris, le dix-septiesme jour d'avril, l'an de grace 1627, et de nostre règne le dix-septiesme. Et plus bas : de par le Roy, en son Conseil, (signé :) BARDEAU. Et scellée du sceau de cire jaune, et au dos est escript : *registrata*, avec un paraphe.

XIII.

Extrait des Registres du Conseil d'État.

Sur ce qui a esté remonstré au Roy en son Conseil par *Simon Lourdet*, entrepreneur de l'establissement de la manufacture des ouvrages de Turquie et autres ouvrages du Levant par toutes les villes de ce royaume, qu'entre plusieurs privilèges qui lui ont été octroyez par arrest dudit Conseil du 17 avril 1627, auroit esté ordonné que la maison de la Savonnerie, près Chaillot, demeureroit affectée et destinée pour travailler ausdits ouvrages, et pour instruire les jeunes enfans qu'il est tenu... etc...

S. Lourdet provoque seul cet arrêt qui spécifie que c'est à la Savonnerie seulement qu'on travaillera aux tapis et qu'on formera les apprentis. Dupont constate ici que Lourdet commence à agir seul, à séparer sa cause de la sienne et à avoir un procureur particulier.

XIV.

Requeste presentée pour l'homologation de l'arrêt du Conseil d'État (n° XII).

(Sans date.)

Cette requête, présentée au Parlement par Pierre Dupont et Simon Lourdet, n'est qu'une redite des motifs économiques et humanitaires qui ont motivé l'arrêt dont l'homologation se faisait attendre. Nous n'y relevons que cette phrase, à propos de la transformation des enfants inutiles dans les hôpitaux en artisans qui peupleraient la France : « Ainsi qu'il s'en voit desjà un nombre dans l'hospital de la Savonnerie près Chaillot, instruits par ledit Lourdet, disciple dudit Dupont. »

XV.

Lettres-patentes du Roi.

(Datées du Camp devant la Rochelle, 28 août 1628.)

Autres Lettres-patentes pour la vérification des susdits articles, adressantes tant en la Cour de Parlement que Chambre des comptes, Cour des aydes et Trésoriers généraux de France, pour relief de surannation.

Ces nouvelles lettres, datées du camp devant la Rochelle, sont motivées par l'oubli de l'envoi d'une expédition de l'arrêt du 17 avril 1627 à la Chambre des Comptes, à la Cour des Aides et aux Trésoriers de France.

XVI.

Extrait des Registres du Parlement.

(9 mars 1630.)

Entre *Simon Lourdet*, maistre tapissier, demeurant à la Savonnerie, demandeur en vérification des lettres-patentes de concession, privilèges, pensions et articles à luy accordez par

Sa Majesté le 17 avril 1627, d'une part, et les gouverneurs et administrateurs des pauvres enfermez de ceste ville de Paris, Pierre Lefroit et consors, maistres jurez tapissiers de haute lisse, courtepointiers, sarrazinois et autres en ladite ville, opposans à ladite vérification, d'autre ; et encores entre ledit *Lourdet*, appellant d'une sentence rendue par le prevost de Paris ou son Lieutenant, le cinquiesme décembre 1629, et demandeur en lettres du vingt-deuxiesme décembre 1629, d'une part, et lesdits gouverneurs et administrateurs des pauvres enfermez, intimez et deffendeurs ; d'autre ; et entre *Pierre Dupont*, tapissier ordinaire du Roy en tapis de Turquie et autres ouvrages du Levant, intervenant d'une part, et lesdits gouverneurs et administrateurs Le Froit et consors, maistres jurez tapissiers, deffendeurs, d'autre ; Veu par la cour lesdits actes d'opposition formée à la vérification d'icelle par lesdits gouverneurs, administrateurs et jurez tapissiers, appointement en droict, advertissement, productions et contredits desdites parties, arrest du 19 may dernier par lequel sur l'appel interjetté par ledit *Lourdet* de ladite sentence de Prevost de Paris du cinquiesme décembre 1628, les parties auroient esté appointées au Conseil, et joinct cause d'appel, responces et productions desdites parties, lettres du vingt-deuxiesme décembre dernier obtenues par ledit *Lourdet* à fin de récision du contract du neufviesme febvrier 1624, communiquées à parties et mises au sac de l'ordonnance de ladite cour, production dudit *Dupont* receu partie intervenante esdites instances par arrest du vingt-sixiesme septembre dernier, conclusions du procureur général du Roy, et tout considéré, dit a esté que la Cour a ordonné et ordonne que lesdites lettres et articles seront registrées pour en jouyr par les impétrans aux charges, restrictions et modifications qui en suivent :

1er *Article*.

Scavoir que le privilége à eux accordé par le premier article aura lieu pour les tapis et autres ouvrages de tapisseries façon de Levant seulement.

2e et 3e *Articles*.

Et pour le regard des deux et troisiesme articles, que les maires et eschevins, ny autres officiers et communauté d'aucune ville de ce royaume, ne pourront estre contraincts de souffrir à recevoir l'establissement desdites manufactures, s'il n'a été ainsi conclud et approuvé en l'assemblée générale de la communauté qui sera pour ce convoquée en la manière accoustumée pour deliberer sur la commodité ou incommodité que ledit establissement pourroit apporter. Et, en cas qu'il soit reçu, seront les rooles des apprentifs arrestez et signez par lesdits maires et echevins, ou autres officiers ayant l'administration de la police avec le substitut du Procureur général, et les maistres administrateurs desdites hospitaux des lieux où se fera ledit establissement, sans qu'il soit besoin de faire signer lesdits rooles par autres que par les dessusdits, et estans ainsi signez serviront d'obligation comme si c'estoient actes passez par devant nottaires.

5ᵉ *Article*.

Et quant au cinquiesme article, que la maistrise accordée aux apprentifs sera pour le faict et mestier desdites manufactures du Levant, rentraicture et nettoyement de toutes sortes de tapisseries, lits, mattelas et courtepointes seulement.

6ᵉ et 7ᵉ *Articles*.

En faisant droict sur l'opposition des maistres tapissiers, que les six et septième articles auront lieu pour ce qui regarde lesdites manufactures et tapisseries et autres meubles façon de Levant seulement, et ne pourront lesdits impétrans vendre ny débiter lesdites étoffes qu'ils feront venir; ains seulement s'en servir à l'usage de leurs manufactures, à peine de confiscation desdites étoffes et d'amende arbitraire en cas de contravention.

8ᵉ *Article*.

Et en tant que touche l'article huictiesme concernant la pension de trois mille livres et autres choses accordées ausdits *Dupont* et *Lourdet* sur les deniers affectez à la nourriture et entretenemens des pauvres enfermez que sur l'appel interjetté par ledit *Lourdet* de la sentence du Prévost de Paris du cinquiesme décembre 1628, a débouté et déboute lesdits *Dupont* et *Lourdet* du contenu audit article, sans que les deniers octroyez par le Roy pour la nourriture des pauvres puissent estre divertis ailleurs; et, ce faisant, a mis et met l'appellation et ce dont a esté appelé au néant, sans amende; en émendant, ordonne que ledit *Lourdet* demeurera deschargé, tant pour le passé que pour l'advenir, de la pension de quatre cent cinquante livres par an à laquelle il s'est obligé vers lesdits administrateurs par contract du neufviesme febvrier 1624, lequel au résidu sera exécuté selon la forme et teneur, fors pour le regard des tapissiers de haute lisse seulement, en lui fournissant des lieux suffisans et capables pour poser et mettre ses mestiers et faire travailler lesdits enfans au surplus desdits ouvrages mentionnez par ledit contract.

10ᵉ *Article.*

Et seront les mots de dons et pensions contenus au dixième article et le dernier d'iceux rayez, la direction dudit hospital demeurera aux gouverneurs et administrateurs ainsi qu'il est accoustumé.

Ordonne que le présent Arrest sera exécuté, à la requeste et diligence des substituts du procureur général, ès lieux où l'establissement desdites manufactures de Levant aura esté reçu. Prononcé le neufviesme mars 1630. Et plus bas : Collationné, avec un paraphe, et signé : Radigue, avec un paraphe.

XVII.
Extrait des Registres du Conseil d'État.
(18 avril 1630.)

Suit un arrêt du Conseil d'État séant à Troyes, et provoqué par Lourdet seul. Cet arrêt constate le refus fait par le Parlement, dans l'arrêt du 9 mars 1630, de laisser payer la pension de S. Lourdet et de P. Dupont, son associé, « sur les deniers octroyés par Sa Majesté pour l'entretenement des pauvres enfermez...

« ... Ordonne que lesdits Dupont et Lourdet seront payez, tant pour le passé que pour l'advenir, de ladite pension de trois mille livres à eux accordée par sadite Majesté..., et sur ce, la crüe des deux sols imposez sur chacun minot de sel pour le remboursement de la non jouissance des droits des petits sceaux au grenier à sel de Paris, sera continuée pour cet effect par les officiers dudit grenier à sel en vertu du présent arrest, et ladite pension payée par lesdits officiers ausdits Dupont et Lourdet sur leurs simples quittances. »

Vient ensuite une ordonnance royale, datée de Troyes, 18 avril 1630, adressée aux Conseillers, Présidents, Trésoriers de France et généraux des Finances, reproduisant l'arrêt qui précède et le rendant exécutoire. — Suit l'arrêt de la Chambre des Comptes, en date du 20 juin 1630, conforme à l'arrêt du Parlement du 9 mars précédent ; il ne dit rien de la pension constituée sur le grenier à sel.

XVIII.

Extrait des Registres du Conseil d'État.

(Grenoble, 6 juillet 1630.)

Sur la requête de « Pierre Dupont et de Simon Lourdet, entrepreneurs de la manufacture des tapis de Turquie, ouvrages du Levant, et instruction de la pauvre jeunesse des hospitaux de ce royaume en ladite manufacture, » le Conseil d'État visant :

1° L'arrêt du 17 avril 1627, relatif à la pension à eux accordée par le roi sur l'entretien des enfans pauvres des hôpitaux ;

2° L'arrêt du Parlement du 9 mars 1630, refusant le payement de la pension sur l'entretien des pauvres ;

3° L'arrêt du Conseil d'État du 18 avril 1630, établissant cette pension sur le grenier à sel de Paris et de sa généralité ;

4° Le procès-verbal de signification de cet arrêt aux officiers du grenier à sel de Paris, du 22 mai 1630 ;

5° La requête de Pierre Dupont et Simon Lourdet aux Présidents, Trésoriers de France au Bureau des finances, à Paris ;

6° L'ordonnance des Trésoriers de France ;

7° Les lettres-patentes du roi ;

« Le Roy, en son Conseil, a ordonné et ordonne la levée de deux sols par minot de sel cy-devant imposez pour le remboursement des droits des officiers des gardes des petits sceaux en chacun grenier à sel, et sera continuée en tous les greniers de la Généralité de Paris, et que, sur les deniers qui procéderont de ladite levée, lesdits Dupont et Lourdet seront payez de ladite pension de trois mille livres par chacun an, et des arrérages d'icelle escheus depuis le 17 avril 1627 que Sadite Majesté leur a accordé ladite pension ; et ce, par les mains des trésoriers de l'Espargne, chacun en l'année de son exercice, et, pour cet effect, seront les deniers proceddans de ladite levée portez à l'Espargne par les grenetiers de ladite généralité en vertu du présent arrest. »

Suivent les lettres-patentes du roi, datées de Grenoble, le même jour, rendant l'arrêt exécutoire.

XIX.

LETTRES D'ATTACHE DES TRÉSORIERS DE FRANCE.

(12 novembre 1630.)

« Les Présidens, Thrésoriers de France, Généraux des finances et Grands Voyers en la Généralité de Paris, » vu l'arrêt du Conseil d'État, les lettres-patentes du roi et la requête de P. Dupont et de S. Lourdet, « consentons, en tant qu'à nous est, l'enthérinement et accomplissement desdits articles » qui fixent la durée de la pension à dix-huit ans devant expirer le 1er juillet 1645, « et établissent leur paiement sur les greniers à sel de Paris et ainsi que sur ceux de Poissy, Pontoise, Lagny et Brie-Comte-Robert, dépendant de la généralité de Paris. »

Des lettres conformes sont adressées aux officiers des différents greniers à sel visés dans l'acte précédent.

XX.

Lettres-patentes adressantes a la Chambre des comptes.

(Fort Barrault, 2 août 1630.)

Ces lettres-patentes, obtenues du Roi par les officiers du grenier à sel et signées du fort de Barrault, après avoir rappelé les considérants sur l'établissement des manufactures qui ont motivé les arrêts octroyant la pension de trois mille livres à P. Dupont et à S. Lourdet, ordonne que cette pension sera payée par les trésoriers de l'Épargne, sans qu'il y soit question de l'origine des fonds sur lesquels ils la paieront.

La seule mention nouvelle qu'on y puisse relever, c'est que la pension de trois mille livres a été accordée « pour instruire continuellement jusqu'au nombre de cent enfans audit art et mestier » de la tapisserie.

XXI.

Arrêt de la Chambre des comptes.

(23 décembre 1630.)

Cet arrêt semble motivé par la présentation d'une requête de P. Dupont et de S. Lourdet afin de faire enregistrer les lettres-patentes ci-dessus.

Après les considérants qui s'appuient encore une fois sur les motifs de la pension, etc., la Chambre vise plus particulièrement la clause suivante de l'arrêt d'enregistrement du 9 mars 1630 :

Veu par la Chambre les lettres-patentes du Roy données au fort de Barrault, le deuxiesme jour d'aoust dernier, par lesquelles et pour les causes y contenues Sa Majesté a donné et octroyé à *Pierre Dupont* et *Simon Lourdet*, maistres tapissiers, pour l'establissement de la manufacture de toutes sortes de tapis façon de Turquie et autres ouvrages de Levant non encore pratiquées en France, et instruction en ladite manufacture de plusieurs jeunes enfans estans ès hospitaux des villes de ce royaume, la somme de trois mil livres de pension, qui est pour chacun d'eux quinze cent livres, à prendre sur les deniers de l'Espargne, pour les recompenser de la perte qu'ils feront audit establissement et par le degast des estoffes et outils que pourront faire lesdits enfans non encore stilez et instruits esdits exercices, et mande Sa Majesté à ladite chambre faire registrer purement et simplement lesdites lettres, et, ledit enregistrement faict, aux trésoriers de l'Espargne, chacun en l'année de leur exercice, payer lesdites trois mil livres par chacun an ausdits impétrans, comme plus au long le contiennent lesdites lettres, l'arrest du Conseil et articles à eux accordés par le Roy pour l'establissement; registrées au Parlement et en ladite Chambre le neufviesme mars et vingtiesme juin aussi dernier.

Par le huitiesme article desquels, Sadite Majesté leur auroit accordé ladite pension pour les causes à prendre sur les deniers octroyez pour les pauvres enfermez, et ordonné qu'ils seroient establis et logez en la maison et hospital de la Savonnerie, près Chaillot pour y instruire jusqu'au nombre de cent enfans audit art ; requeste présentée par lesdits impétrans, à fin de vérification desdites lettres de pension ; arrest intervenu sur icelles, le treize de ce présent mois de décembre, par lequel ladite chambre, avant faire droit, auroit ordonné que maître Mathieu Bourlon et Charles Barentin, conseillers et maistres ordinaires en icelle, se transporteroient ès maisons desdits impétrans, audit lieu de la Savonnerie, pour voir le nombre des enfans qu'ils pourroient avoir, en quel estat estoit ledit establissement et manufacture, et s'informer de la naissance et aage desdits enfans, pour, leur procès-verbal rapporté et veu, estre ordonné ce que de raison ;

Le procès-verbal desdits commissaires et maistres du vingtiesme ensuivant, par lequel appert n'y avoir que ledit *Lourdet* estably et demeurant audit lieu de la Savonnerie, et non ledit *Dupont*, lequel n'avoit que soixante-dix apprentifs soubs luy travaillans esdites manufactures en une grande salle haute, et qu'il y avoit une autre grande salle basse vuide respondant sur le Cours, que le Roy avoit fait bastir et construire de nouveau pour l'establissement de laditte manufacture; conclusions du Procureur général du Roy, et tout considéré, la Chambre a ordonné et ordonne lesdittes Lettres estre registrées pour jouyr par les impetrans de l'effect et contenu en icelles, à la charge que ledit *Dupont* sera tenu faire résidence actuelle dans trois mois en ladite maison et hospital de la Savonnerie, ainsi que ledit *Lourdet*, et, pour ce faire, qu'il dressera ses mestiers dans la salle neufve, ayant la veue sur le Cours ; lequel *Lourdet* luy baillera telle portion de la maison en laquelle il est résidant qui sera nécessaire pour son habitation, et dont ils jouyront esgalement, et qu'au premier payement qu'il leur sera fait de ladite pension de trois mille livres, ils mettront es mains du trésorier de l'Espargne leur certification du contenu cy-dessus, laquelle il rapportera en son compte affin que l'intention du Roy soit suivie et lesdits articles exécutés, et que lesdits maistres Mathieu Bourlon et Charles Barentin, conseillers et maistres, se transporteront par chacun an, quand bon leur semblera, en ladite maison et hospital, pour voir que le nombre desdits cent enfans soit remply et instruits en ladite manufacture, et autres choses en dépendant, dont ils feront rapport en ladite chambre. Fait le vingt troisiesme jour de décembre 1630. Et au bas est écrit : Extrait des registres de la Chambre des Comptes, signé : BOURLON. Collationné à l'original par moy, conseiller et secrétaire du Roy....

XXII.

BREVET DU ROY POUR LA SALLE NEUFVE BASTIE DES DENIERS DE SA MAJESTÉ POUR L'ESTABLISSEMENT DE LA MANUFACTURE DES TAPIS DE TURQUIE.

(23 janvier 1631.)

Aujourd'hui, 23ᵉ janvier 1631, le Roy estant à Paris, sur ce qui lui a esté remonstré par *Pierre Dupont*, son tapissier ordinaire en tapis de Turquie et autres ouvrages du Levant, demeurant en ses galleries du Louvre, que par arrest de la Chambre des Comptes de Paris, en exécution des articles accordez par Sa Majesté avec ledit *Dupont* et *Simon Lourdet*, maistres tapissiers et entrepreneurs desdites manufactures et tapis de Turquie et ouvrages de Levant par tout son royaume, association faite entre eux, auroit esté ordonné que ledit *Dupont* seroit tenu de faire résidence actuelle dans trois mois en la maison et hospital de la Savonnerie, ainsi que ledit *Lourdet*, et qu'à ce faire il dresseroit ses mestiers dans la salle neufve qui regarde le Cours, que Sa Majesté a fait bastir, et qu'ils jouiroient esgallement de la maison de laditte Savonnerie; Sa Majesté, considérant que ledit establissement a été faict soubs son authorité et de ses aumosnes en ladite Savonnerie pour instruire ses subjects esdits ouvrages de Turquie et de Levant, dont ledit *Dupont* en est l'auteur, ayant mesme deux fils, dont l'un est âgé de vingt quatre à vingt cinq ans, et l'autre de treize à quatorze, instruits et faicts esdites manufactures, a concedé audit *Dupont* de faire sa résidence en ladite Savonnerie suivant ledit arrest de la Chambre des Comptes, à la charge que son fils tiendra l'attelier qu'il a de présent esdites galleries de son chateau du Louvre, comme il fait de présent.

Et, pour cet effet, lui a accordé qu'après le decds de sondit père, les logemens et atteliers qu'il a et dont il jouit à présent, tant esdites galleries qu'en ladite Savonnerie, luy seront continués et à sondit frère; pour assurance de quoy Sadite Majesté m'a commandé d'expédier le présent brevet audit Dupont, qu'elle a signé de sa main et fait contresigner par moy, son conseiller et secrétaire d'État et de ses commandemens et finances. Signé par le Roy: Louis, et plus bas: De Loménie.

Collationné à l'original par moy conseiller et secrétaire du Roy et de ses finances.

XXIII.

Requête de Pierre Dupont a la Chambre des Comptes.

(Sans date.)

Pour l'intelligence

A Nosseigneurs des Comptes de la requeste présentée par Pierre Dupont, tapissier ordinaire du Roy en tapis de Turquie et autres ouvrages de Levant, affin d'estre estably et logé en l'hospital de la Savonnerie près Chaillot, suivant les articles à luy accordez et à *Simon Lourdet,* cy devant son apprentif, et à présent joinct avec luy pour l'établissement desdits ouvrages, verifiez en la Chambre le 17 avril 1627, et vostre arrest du 23 décembre dernier, par lequel vous avez accordé que ledit *Dupont* seroit logé et estably audit hospital, en une salle basse vuide, de nouveau construicte aux dépens de Sa Majesté pour ledit establissement, et commis Messieurs Bourlon et Barentin, conseillers et maistres, pour avoir l'œil que les articles soient executés de point en poinct;

Contre ledit Lourdet, occupant et usurpant tous les bastimens dudit hospital, commodes pour ledit establissement :

Il est à remarquer, Nosseigneurs, que ledit *Lourdet* est logé et occupe lesdits bastimens en vertu d'un contract cassé et révoqué, et qu'il n'a esté estably en vertu desdits articles.

Car, estant sorty d'apprentissage sous ledit *Dupont,* il s'adressa à Messieurs les administrateurs des hospitaux et contractèrent ensemblement; par lequel contract lesdits sieurs administrateurs promirent de loger et establir en l'hospital de Bonport, et luy obliger nombre d'enfans pour six ans, à la charge que les quatre premières années expirées, il payeroit une pension à l'hospital de quatre mille livres, nourriroit les deux dernières années ses apprentifs, leur apprendroit la portraicture, haute lisse, à faire mattelas, lits, chaires et courtepointes, choses qu'il n'a jamais sçeu lui mesme; aussi n'a-t-il sçeu executer ledit contract. Et lesdits enfans sortans d'apprentissage, leur bailleroit un habit valant trente-six livres. En vertu duquel contract, il a esté logé audit hospital, et, depuis, il s'est logé en celui de la Savonnerie, auquel lieu lui ont été baillé des enfans. Mais, voyant que les quatre premières années estoient prestes d'expirer, qu'après il seroit tenu ou contrainct de payer ladite pension de quatre mille livres, et nourrir sesdits apprentifs, qui estoit sa ruine inévitable, pour les grands frais qu'il avoit fait audit establissement, et desgats des ouvrages par lesdits enfans non encore stillez, il vint trouver ledit *Dupont* sans lui rien dire du contract par luy faict avec lesdits sieurs administrateurs. Auquel *Dupont* Sa Majesté, en considération de ses services qu'il luy avoit rendu du temps du feu Roy depuis vingt-huit ans et des ouvrages qu'il avoit faict pour elle et pour les roynes, et qu'il estoit le seul inventeur d'iceux, lui avoit plusieurs fois promis de faire faire ledit establissement et luy en accorder articles en son Conseil. Or, après avoir contracté ensemblement, poursuivirent au Conseil lesdits articles, qui leur furent accordez. Et, les présentant en la cour du Parlement pour les vérifier, Monsieur le Procureur général qui est un des administrateurs, recognoissant que la vérification d'iceux estoit fausse, fit casser et rompre ledit contract, empescha ladite vérification avec lesdits sieurs administrateurs qui intervinrent. Et néantmoins, Sa Majesté voulant que lesdits articles fussent executez, ladite Cour, par son arrest de neufviesme mars 1630, les verifia, et cassa ledit contract qui estoit les fins dudit *Lourdet*. Lequel *Lourdet*, non content de ce, et voyant que lesdits articles l'establissoient audit lieu de la Savonnerie, n'en bougea, et s'advisa, par une ingratitude extrême et divers artifices, d'empescher l'establissement dudit *Dupont* audit lieu. Et pour ce faire, ne luy auroit pas voulu donner place avec luy, ains auroit occupé lesdits lieux, se disant le seul maistre dudit establissement.

Que si ledit establissement se donnoit par mérite, ledit *Dupont* pourroit dire avec vérité que ledit *Lourdet* seroit bien encore son apprenty dix ans durant, avant qu'il sceut tout ce qui est desdits ouvrages, ainsi qu'il fera voir par plus de vingt sortes d'ouvrages qu'il sçait faire.

Mais, ne voulant sortir des termes de la douceur, bien que ledit *Lourdet* luy en donne tout sujet, ains demeurer dans la justice de sa cause et dans les termes portez par lesdits articles par vous Nosseigneurs vérifiez et par vostredit arrest du 23e décembre dernier, il soutient qu'il mérite à plus juste titre lesdits logemens et atteliers de ladite Savonnerie, non seulement comme l'inventeur de ladite manufacture et chef dudit establissement en France, mais comme plus capable en toutes sortes d'ouvrages que ledit *Lourdet*, et d'abondant plus suffisant à instruire une telle jeunesse avec douceur et en la crainte de Dieu, pour avoir fait son cours ès lettres humaines, et non avec des cruautez comme ledit Lourdet.

    Didicisse fideliter artes
   Emollit mores, nec sinit esse feros.

Ce qu'il espère, Nosseigneurs, que vostre bienveillance ordonnera, inclinant à la considération de son aage escoulée depuis vingt-huit ans, et de la jeunesse aussi de ses enfans passée au seul service de Sa Majesté, sans aucun proffit, comme vous, Nosseigneurs, qui estes les seuls Directeurs dudit establissement, ainsi que vous l'avez jugé par vostre arrest. Et, ce faisant, vous releverez ledit *Dupont* et sa famille entière de la misère en laquelle ladite poursuite depuis cinq ans l'a plongé, et seront obligez de prier Dieu pour vos prosperitez et santez.

XXIV.

Arrêt de la Chambre des Comptes.

(20 février 1631.)

La Chambre visant :

1° Son arrêt du 23 décembre ;

2° La requête de P. Dupont ;

3° La signification de l'arrêt à Simon Lourdet le 28 janvier 1631 ;

4° Le procès-verbal de visite des conseillers maîtres à la Savonnerie les 28 et 30 janvier 1631 ;

5° Une requête de S. Lourdet, en date du 3 février, après signification de l'arrêt du 23 décembre précédent, alléguant l'impossibilité de loger Dupont dans la maison de la Savonnerie et le trouble résultant de la présence simultanée de deux entrepreneurs, et offrant à P. Dupont d'échanger avec lui le logement du Louvre contre celui de la Savonnerie ;

6° Le contrat d'association entre P. Dupont et S. Lourdet le 5 septembre 1626 ;

7° L'arrêt du Conseil d'État du 17 avril 1627, concédant la pension de 3,000 livres en raison de l'établissement des deux associés dans la maison de la Savonnerie ;

8° L'arrêt du Parlement du 9 mars 1630 ;

9° L'arrêt de la Chambre des comptes du 20 juin 1630 ;

10° Un contrat passé, le 16 octobre 1630, entre P. Dupont

et S. Lourdet, en raison des frais de toutes les instances pendantes ;

11º Le brevet du roi en date du 23 janvier 1631 ;

12° Le décret du 3 février pour communiquer à P. Dupont la requête de S. Lourdet ;

13º La signification conforme du 6 du même mois.

Lad. Chambre, sans avoir esgard à la requeste présentée par ledit *Lourdet*, le 3 du présent mois, de laquelle il est débouté, a ordonné et ordonne qu'il demeurera en ladite grande salle haute, contenant environ quinze toises de long, où ses mestiers sont dressez, de laquelle il prendra son entrée en la petite allée pour aller à la cuisine, aux deux grandes chambres et cabinet de plein pied, où il est demeurant, avec les logemens au-dessus en la mesme estendue, et que ledit *Dupont* sera estably en ladite salle bastie de neuf, contenant cinq à six toises, et en la chambre haute joignant l'entrée de l'allée de ladite cuisine dudit *Lourdet*, ayant veue sur le cours, et en la chambre en laquelle est logé un blanchisseur. Et, pour ce faire, que les portes seront bouchez et ouvertes en autres lieux nécessaires pour leur commodité, et empescher d'aller l'un sur l'autre, et ce, à peine au contrevenant de telle amende que ladite Chambre advisera bon estre; ce qui sera executé en la présence desdits maistres Mathieu Bourlon et Charles Barentin, commissaires. Fait le 20ᵉ jour de febvrier 1631. Signé : BOURLON, et au-dessus est escrit : Collationné à l'original avec un paraphe, et au-dessous : Extraict des registres de la Chambre des comptes. Collationné à l'original par moy, conseiller et secrétaire du Roy.

XXV.

FACTUM POUR SERVIR D'INSTRUCTION POUR LE DIFFÉREND PENDANT PAR DEVANT NOSSEIGNEURS DE PARLEMENT ENTRE PIERRE DUPONT, AUTHEUR DES OUVRAGES DE TURQUIE ET DE LEVANT EN FRANCE, DEFFENDEUR, ET SIMON LOURDET, CY-DEVANT SON APPRENTIF, DEMANDEUR EN REQUESTE, CONTRE TROIS ARRÊTS DE LA CHAMBRE DES COMPTES CONTRADICTOIREMENT DONNEZ ENTRE LES PARTIES.

Pour faire l'establissement des manufactures de Levant, lesdits *Dupont* et *Lourdet* passèrent contract d'association, le 5 septembre 1626, par lequel ils se sont obligez de ne faire ny négocier aucune chose pour raison d'iceluy l'un sans l'autre, et de partager le tout par moitié.

Ensuitte dudit contract d'association ils obtinrent arrest du 17 avril 1627, contenant les articles qui leur furent accordez dudit establissement, par le 8ᵉ desquels le Roy leur auroit, pour les causes y contenues, donné trois mil livres de pension à prendre sur les deniers des pauvres enfermez; et, outre ce, vouloit que lesdits entrepreneurs fussent logez et establis en l'hospital de la Savonnerie pour y instruire le nombre de cent enfans, lesquels enfans seroient nourris des deniers des pauvres.

Pour remarquer la premiere fourbe dudit *Lourdet*, il est à sçavoir que, des l'année 1624, il contracta avec Messieurs les administrateurs, lesquels lui devoient bailler nombre d'enfans ès lieux commodes dans l'hospital de Bonport, au faubourg Saint-Victor, pour dresser ses mestiers, et qu'il instruiroit lesdits enfans le temps et espace de douze années esdites manufactures, et, outre ce, à faire haute lisse, courtepointe, matelas, et autres choses, lesquels enfans lesdits sieurs administrateurs lui obligeroient pour six années, à la charge que, la sixième année de leur apprentissage, leur donneroit un habit de trente-six livres; davantage, ledit *Lourdet* se seroit obligé de payer au profit dudit hospital, les huit années dernières de douze, 450 livres par chacune; c'est pourquoy il avoit fait mettre dans ledit 8ᵉ article que lesdits enfans seroient nourris des deniers octroyez ausdits hospitaux, affin que par ce moyen lesdits articles fussent contraires audit contract, et de se pourvoir contre iceluy; et de faict il a obtenu lettres en la Chancellerie pour en estre relevé.

La deuxième fourbe dudit *Lourdet* se recognoist en ce qu'il présenta luy seul requeste à la Cour pour faire verifier lesdits articles, sans en advertir ledit Dupont, au préjudice de leurdit contract d'association; sur quoy intervinrent quelques oppositions de Messieurs les administrateurs qui empeschoient ladite verification et demandoient l'execution dudit contract, et des maistres tapissiers; pendant lesquelles contestations, ledit *Dupont* adverty que ledit *Lourdet* avoit présenté sous son nom seul lesdites lettres pour les faire vérifier, présenta aussy requeste à ladite Cour, laquelle le reçut intervenant en ladite vérification.

Tant fut procédé entre les parties qu'enfin le 9ᵉ mars 1630, la Cour, par son arrest, ordonna lesdits articles estre registrez pour en jouyr par lesdits *Dupont* et *Lourdet*, selon et ainsi qu'est contenu audit arrest, par lequel ladite Cour pourvoyant sur ledit 8ᵉ article, auroit deboutté iceux *Dupont* et *Lourdet* de ladite pension et autres choses à eux accordées sur les deniers affectez à la nourriture des pauvres enfermez, et deschargé ledit Lourdet desdites 450 livres portez par ledit contract passé entre lesdits sieurs administrateurs et luy, le résidu d'iceluy demeurant en sa force et vertu, fors et excepté pour haute lisse seulement.

C'est dont se veut servir et prévaloir ledit *Lourdet* pour empescher que ledit *Dupont* soit estably audit hospital de la Savonnerie, car il dit qu'il est estably par Messieurs les administrateurs et par un brevet du Roy, et que ledit *Dupont* est debouté. A quoy iceluy Dupont respond que ledit Lourdet, par la verification du 8ᵉ article, n'est en meilleurs termes que luy, puisque, si l'intention de la Cour est de le deboutter entièrement, il en est aussi bien debouté que luy. Mais la Cour n'ayant point prononcé particulièrement qu'ils soient debouttez dudit logement, il en est bien à croire qu'elle n'a entendu les debouter que de ladite pension de 3,000 livres qui estoit donnée sur deniers sacrez, le résidu d'iceluy article demeurant en sa force et vertu. Car, quand ledit *Lourdet* voudroit dire que ledit résidu dudit contract et non dudit article qui doit demeurer en sa force et vertu, par cela il ne peut estre estably et logé audit hospital de la Savonnerie, ains à celuy de Bonport, suivant ledit contract, et ce pour douze années seulement et non à perpétuité. De plus, il n'y a point d'apparence que la Cour ait voulu diminuer ou casser le nombre d'enfans que Sa Majesté veut par ledit article estre instruits. Or, il est à remarquer deux choses : la première, que la maison de la Savonnerie, où est ledit hospital, n'est de la qualité des autres hospitaux, ains est au Roy qui en paye par chacun an 1,200 livres, ce qui n'a encore esté faict entendre en ladite cour, de sorte que la maison estant à Sa Majesté, elle peut bien, les enfans logez, disposer des lieux qui resteront, ainsi qu'elle a fait par les arrests et articles, puisque, par un simple brevet, elle concède tous les logemens de ses Galleries du Louvre et autres ses maisons, laquelle somme de douze cent livres est passée par la Chambre en chacun compte des bastimens. Et pour la seconde, pourquoy la Cour auroit-elle voulu exclure ledit *Dupont* et le despouiller de son labeur et espérance, lui qui est l'autheur et l'inventeur desdits ouvrages et maistre dudit *Lourdet*, pour en investir iceluy *Lourdet*, lequel, quand il n'auroit eu, par le moyen desdits articles, que le proffit d'estre deschargé de 450 livres par chacun an, qui estoit sa ruine entière, il auroit sujet de se contenter et d'observer exactement le résidu dudit contract; ce qu'il n'a fait?

Après laquelle vérification, lesdits *Dupont* et *Lourdet*, pour n'estre frustrez de ladite pension de 3000 livres, se seroient pourvus devant Sa Majesté, laquelle les leur auroit accordé sur les deniers de son Espargne pour estre verifiées; ladite Chambre, avant procéder à ladite vérification, auroit ordonné que deux de Messieurs se transporteroient audit hospital pour voir en quel estat estoit ledit establissement, ce qu'ils exécutèrent au mois de décembre dernier; où estant, ils recogneurent que ledit *Lourdet* estoit seul demeurant audit lieu, et qu'il occupoit trois quarts de la maison de ladite Savonnerie, et que ladite salle basse estoit vuide. Sur quoy, la Chambre, en procédant à ladite vérification, ordonna que ledit *Dupont* dresseroit ses mestiers en ladite salle basse de nouveau construite aux despens de Sa Majesté. Lequel arrest il auroit fait signifier audit *Lourdet*, au mois de janvier dernier, et ensuite présenté requeste à la Chambre pour estre establi audit lieu, et mis icelle es mains de messieurs Barentin et Bourlon, conseillers et maistres, commis par ladite Chambre pour avoir l'œil que ledit establissement soit fait au désir desdits articles; lesquels, avant de faire leur rapport, se seroient transportez audit hospital et recogneu qu'il y avoit lieu d'y loger comodément et séparément lesdits *Dupont* et *Lourdet*; de quoy scachant ledit *Lourdet*, pour prévenir, auroit présenté sa requeste à la Chambre, par laquelle il auroit représenté qu'il n'y avoit lieu commode audit hospital pour loger lesdits entrepreneurs ensemblement; que ledit *Dupont* avoit surpris la Chambre en son arrest du 23 décembre dernier, sur ce qu'il avoit teu un contract fait entre eux le 16 octobre précédent, et qu'il occupoit lesdits lieux en vertu du brevet du Roy, du mois de febvrier dernier ; et requis icelle Chambre qu'estant premier estably audit lieu il y demeurast seul; nonobstant quoy, la Chambre recognoissant que ledit *Lourdet* vouloit sans raison occuper tous lesdits lieux, et que pour l'interest public il estoit necessaire que lesdits *Dupont* et *Lourdet* fussent logez audit hospital, auroit, par son arrest du 20 febvrier dernier, ordonné que ledit arrest du 23 décembre dernier seroit executé par lesdits commissaires, lesquels s'y transportèrent le 25 dudit mois de febvrier ; et, au lieu d'y trouver du respect, ils y auroient trouvé la femme dudit *Lourdet*, laquelle, instruite par son mary, auroit dit plusieurs paroles scandaleuses auxdits sieurs commissaires et fait rebellion entière. Et ensuite ledit *Lourdet* auroit présenté sa requeste à la Cour pour empescher et s'opposer à l'exécution desdits arrests de la Chambre, pour davantage inquietter ledit *Dupont*, après avoir constaté et présenté plusieurs requestes en ladite Chambre, ainsi qu'il se justifiera ; et voit-on bien que ce qu'il en fait n'est que pour faire conflict de juridiction afin de faire évoquer le tout au Conseil, où il espère toute faveur. Mais, pour revenir aux prétentions de l'un et de l'autre, ledit *Lourdet* dit qu'outre sondit contrat passé avec mesdits sieurs les administrateurs, en vertu duquel il est demeurant audit lieu, il est fondé en brevet du Roy qu'il a poursuivi les frais du bastiment neuf, qu'il a déboursé plusieurs sommes de deniers pour le parachever, et que, par ledit contract du 16 octobre dernier, passé entre eux, ledit Dupont a renoncé à tous les lieux et atteliers que ledit *Lourdet* occupoit lors audit lieu. Pour respondre à ce que dessus, ledit *Dupont* dit que ledit *Lourdet* ne doit agir en façon quelconque en vertu dudit contract qu'il a passé avec lesdits sieurs administrateurs, puisqu'il a sceu qu'il n'estoit suffisant pour le maintenir audit lieu, et que, pour ceste raison, il a obtenu un brevet au mois de febvrier 1631 ; qu'outre ladite pension de 450 livres à laquelle estoit obligé ledit *Lourdet* par ledit contract, il estoit encore obligé à nourrir ses apprentifs la sixiesme année et leur donner un habit sortant d'apprentissage, ce qu'il n'a executé, non plus que les autres clauses, et ainsi il se recognoist qu'il ne se veut servir desdits articles et contract que pour ce qui est à son advantage; que ledit *Dupont* a un brevet aussy bien que ledit *Lourdet;* que pour le fonds qu'il dit avoir poursuivy pour ledit bastiment neuf, c'est qu'il ne sçauroit justifié de dire qu'il a fait des frais et desboursé des sommes notables de deniers pour quelques aisances; quand il l'auroit fait, ce n'auroit esté que pour s'accommoder pour le regard dudit contract du 16 octobre dernier, que ledit *Dupont* a produit.

Il monstre evidemment que ledit *Lourdet* s'oppose malicieusement à la jouyssance de ladite salle par ledit *Dupont* d'autant qu'il desclare luy mesme ne le vouloir empescher de s'establir en ladite Savonnerie pourveu que ce soit sans prejudicier aux atteliers que ledit *Lourdet* possédoit alors. Or, est-il que ladite salle n'est au nombre desdits atteliers, d'autant que ledit *Lourdet* ne l'a jamais possédée, ains a esté bastie des deniers du Roy, à la requeste dudit *Dupont*, et donnée à iceluy et ses enfans pour récompense de leurs labeurs et services rendus à Sa Majesté, et ce par brevet du 23 janvier dernier; et, pour montrer que ledit *Lourdet* ne l'a jamais possédée, il se void par le procez desdits sieurs commissaires qui la trouvèrent vuide et inutile trois mois après, pendant lesquels ledit *Dupont* fesoit ses apprets de mestiers, ustancilles et estoffes, comme il se void par le marché fait d'un grand mestier produit au procez, et en attendant que ladite Chambre eut donné son arrest; et quand aux frais que ledit *Lourdet* dit avoir faict et qu'il n'a qu'un remboursement imaginaire par ledit contract, ledit *Dupont* dit que, depuis ledit contract d'association jusqu'à la présentation desdits articles à la Cour, ils ont fait et debourcé par moitié les frais qu'il a convenu faire, de sorte que les 1,800 livres mentionnez par ledit contract font moytié de 3 mil 600 livres que ledit *Lourdet* dit avoir debourcé à la poursuite de la vérification desdits articles en la Cour, et à obtenir les dernières lettres de ladite pension, ce qui est sans apparence; aussi n'a-t-il jamais voulu bailler son mémoire desdits frais comme il avoit fait au précédent; sur lesquels ayant ensemble compté sont demeurez quittes l'un à l'autre, d'autant se disoit-il qu'il avoit fait des présents de ses ouvrages à personnes d'honneur et de qualité qu'il ne falloit nommer, ce qu'estant présupposé qu'il fut vray, il auroit contre l'acte de leur association fait des amis au desceu et aux despens dudit *Dupont*. En quoy, il calomnie l'intégrité des juges et officiers par les mains desquels lesdites affaires ont passé; car, pour la vérification desdits articles en la Chambre, lesdits *Dupont* et *Lourdet* sçavent bien qu'il n'y a eu d'espèces et que pour les frais de ladite pension, ledit *Dupont* les a déboursez aussi bien que pour les conclusions de M. le Procureur général, leur enregistrement à la Cour, que ledit Dupont seul a faicts; ensemble ceux des thrésoriers généraux de France qu'ils ont payez ensemblement; de sorte que si ledit *Lourdet* a faict des frais d'un costé, ledit *Dupont* en a faict d'un autre. Mais ledit *Lourdet* plaide bien à son aise, et main garnie, car il est logé et a des apprentifs qui ne lui coûtent rien et lui font beaucoup d'ouvrages, lesquels il vend ce qu'il veut; et au contraire ledit *Dupont* n'a rien de tous ses fraiz, peines et labeurs; et s'il a un attelier et des apprentifs, ils lui coûtent beaucoup, ce qui est cause de sa ruine en partie; car ne pouvant bailler ses ouvrages au prix que fait ledit *Lourdet*, les particuliers qui en veulent acheter le quittent pour aller vers iceluy *Lourdet*. Or il ne trouvera pas que ledit *Dupont* aye jamais tasché de nuire ny porter préjudice audit *Lourdet*, soit d'effect, soit de parole; mais au contraire, il se remarquera par le procédé dudit *Lourdet* qu'il n'a jamais tasché qu'à supplanter ledit *Dupont* par toutes sortes de fraudes et malices, et n'a sceu pis controuver contre ledit *Dupont* que d'une malice très noire lui vouloit donner le nom de huguenot, afin de le rendre méprisable partout.

En effect, quand ledit *Dupont* ne voudroit mettre en considération ses longs services rendus à Leurs Majestez depuis 28 à 29 ans, sans profit, son aage, la jeunesse de ses enfans escoulée à apprendre ledit art, qu'il est l'autheur et l'inventeur desdits ouvrages, qu'il en sçait faire plus de vingt sortes d'autres, que ledit *Lourdet* a appris dudit *Dupont*, pour l'honneur de Dieu, ce qu'il sçait; mais seulement l'interest public et la justice de sa cause, il est aisé à juger, puisque deux maistres sont plus capables d'instruire le nombre de cent enfans qu'un seul; que lesdits entrepreneurs estans logez audit hospital tascheront à l'envie l'un de l'autre de mieux enseigner leurs enfans et de faire meilleur marché de leurs ouvrages, car quand il n'y en aura qu'un seul, il les vendra ce qu'il lui plaira. Or il est à considérer que lesdits ouvrages ne cousteront que les laines et façons des maistres et c'est le seul moyen de rendre lesdits ouvrages communs et à bon marché.

Pour la justice de sa cause, elle parle d'elle mesme, estant fondée en arrêt du Conseil, lettres-patentes, arrêt de la Cour et de la Chambre donnez en cognoissance de cause, et en son brevet du mois de janvier dernier.

Pour ces raisons, ledit *Dupont* espère, Nosseigneurs, que vous confirmerez lesdits arrêts, et renvoyerez les parties en la Chambre des Comptes où elles ont contesté premièrement, à cause qu'il ne s'agit que de l'exécution des arrests d'icelle ou, s'il vous plaist de retenir la cause, ordonnerez, ainsi que ladite Chambre, qu'il sera estably et logé audit hospital et lieux mentionnez par lesdits arrests, ce qui ne porte nul préjudice ny incommodité audit *Lourdet*.

XXVI.

Extrait des Registres du Parlement.

(21 mars 1631.)

Par cet arrêt le Parlement, donnant raison à S. Lourdet, « a maintenu et gardé iceluy Lourdet en la possession et jouissance des lieux, tant haut que bas, dudit hospital de la Savonnerie par luy occupez, mesme aux bastimens faicts de neuf; fait deffenses audit Dupont l'y troubler à l'advenir, sauf iceluy Dupont à se pourvoir d'un autre lieu dans ledit hospital de la Savonnerie pour y bastir et establir sa demeure en lieu commode, ou ailleurs, ainsi qu'il verra bon estre. »

XXVII.

Lettres de jussion a la Chambre des Comptes.

(17 mai 1631.)

Sur la requête de P. Dupont, après avoir visé ses lettres-patentes du 18 août 1630, l'arrêt de vérification de ces lettres par la Chambre du 20 février 1631, obligeant ledit

P. Dupont à résider à la Savonnerie, et l'arrêt de la Cour du Parlement, du 21 mars, lui ordonnant de se pourvoir, dans l'hôpital ou ailleurs, d'un autre lieu que celui désigné par les commissaires de la Chambre des Comptes, le Roi ordonne d'avoir à vérifier sans délai, et sans égard pour les divers arrêts ci-dessus, ses lettres-patentes du 18 août 1631, afin de le faire jouir de ses quinze cents livres de rente avec les arrérages sur le grenier à sel de Paris, « et encore, en considération des advances qu'il sera tenu faire de l'acquisition de ladite place, bastiment et attelier proche et contigu audit lieu de la Savonnerie en laquelle il aura une entrée, et ce, sur ses offres, en attendant un fond pour son remboursement pour travailler et faire instruire les enfans dudit hospital... »

Suit un arrêt de la Chambre des Comptes, du 12 décembre 1631, reproduction presque littérale des considérants du précédent arrêt de la même Chambre, en date du 23 décembre 1630, ayant pour conclusion la défense aux trésoriers de l'Épargne de rien payer à P. Dupont ainsi qu'à S. Lourdet jusqu'à ce qu'ils aient satisfait audit arrêt.

La pièce suivante, en date du 25 février 1632, contient l'entérinement, à la Cour des Aydes, des lettres-patentes des 17 avril 1627, 28 août 1628, à la requête de P. Dupont et de S. Lourdet.

XXVIII.

Extrait des registres du Conseil d'État.

(13 mai 1632.)

Sur la requeste de P. Dupont et de S. Lourdet en paiement de leur pension, le Roi, en son Conseil, veu les arrêts du 18 avril et du 6 juillet 1630, vérifiés et enregistrés par les diverses cours compétentes, ordonne le paiement des 3,000 livres de pension avec leurs arrérages par les trésoriers de l'Épargne sur la crue de 2 sol par minot de sel vendu par les greniers à sel de la Généralité de Paris, « et le surplus à l'entretement et nourriture des pauvres enfermez dans la maison de la Savonnerie qui seront instruits par ledit *Lourdet* en la manufacture des tapis de Turquie et autres ouvrages façon de Levant, le tout ainsi qu'il sera ordonné par chacun an par l'estat dudit Conseil. »

Suit l'enregistrement au bureau des Finances de Paris, le 18 juin 1632, des lettres-patentes et arrêts précédemment accordés à Dupont et Lourdet.

Les officiers du grenier à sel de Paris se refusent, le 10 juillet, à l'enregistrement de l'arrêt du 13 mai et provoquent ainsi un nouvel arrêt du Conseil d'État, daté de Montpellier, 24 septembre 1632, ordonnant que des lettres de déclarations seront octroyées par la Cour des Aydes aux postulants pour la levée de deux sols sur chaque minot de sel.

En effet, cette nouvelle décision est signifiée par lettres de jussion à la Cour des Aydes qui enregistre, le 25 février 1633, l'arrêt rendu en faveur des tapissiers.

Le même arrêt est successivement enregistré au bureau du grenier à sel de Paris (14 mai 1633), et à ceux de Pontoise (14 juin), de Lagny (1er juillet), de Poissy (15 juillet), de Brie-Comte-Robert (15 juillet).

Tous ces actes, fort longs, répètent à l'infini les mêmes faits et invoquent toujours les arrêts indiqués plus haut.

XXIX.

Requête au Roi et a nosseigneurs de son Conseil.

(Sans date.)

Requête de Pierre Dupont tendant à obtenir :

1° « Que la grande salle (de la Savonnerie) où se fait l'escolle avec les lieux où sont les fourneaux, affin d'y faire ses teintures, et autres lieux pour son logement, seront sans aucun delay livrez audit suppliant, y ayant assez d'autres hopitaux à Paris et mesme assez de lieux dans la Savonnerie pour instruire lesdits enfans à l'escolle..... Si Votre Majesté n'avoit plus agréable de ne voir en ladite Savonnerie qu'une seule manufacture, ainsi qu'on voit aux Gobelins, où il n'y a que les tapisseries de basse lisse et leurs teintures. »

2° Que l'arrêt du Conseil d'État du 6 août 1630, qui ordonne que P. Dupont et S. Lourdet toucheront leur pension des mains des Trésoriers de l'Épargne, soit rapporté, et que celui daté de Troyes le 18 juin 1630, qui les autorise à la toucher directement des mains des officiers du grenier à sel, sur simple quittance, soit seul exécutoire.

XXX.

Extrait des Registres du Conseil d'État.

(Paris, 9 mars 1634.)

Arrêt rendu sur la requête de S. Lourdet, dont il reproduit la plainte constatant les retards apportés par les grenetiers à délivrer leurs deniers à l'Épargne, de telle sorte que les suppliants n'ont encore rien touché de leur pension.

« Quoiqu'ils soient en advance de grandes sommes de deniers, et que ledit *Lourdet* ait satisfaict à ce qu'il estoit obligé, ayant lui seul travaillé depuis dix ans à l'instruction de ladite jeunesse dans la maison de la Savonnerie, ayant déjà faict nombre de bons ouvriers capables de s'establir partout en plusieurs lieux de la France, et que tant lesdites poursuites, establissements et instructions l'ayent rendu engagé et nécessiteux soubz l'espérance de ladite pension, qui validant, le retireroit de la nécessité et le recompenseroit en partie de ses pertes, peines et souffrances, requérant très humblement Sa Majesté qu'ils puissent recevoir ladite pension par les mains desdits Greneiers conformément aux cinq solz donnez sur mesme nature pour la nourriture des pauvres, aussi que le surplus desdits deux solz leur est affecté, et que les administrateurs ne pourroient aisément recevoir en deux endroits lesdits deniers estant comme semblable subject, les exemptant par ce moyen de grandes peines et pertes de temps, aussi que c'est peu de chose ne se montant ladite levée qu'à trois mil trois ou quatre cent livres, et que le surplus est aux pauvres. »

Après avoir visé toutes les pièces de la procédure qui a assis la pension et l'entretien des apprentis sur la crue de deux sols par minot de sel vendu par les greniers à sel de la Généralité de Paris, le Conseil annule son arrêt du 6 juillet 1630 qui décide que les Trésoriers de l'Épargne paieront la pension après en avoir reçu les fonds des officiers desdits greniers à sel ; il rend exécutoire son arrêt antérieur, du 18 avril 1630, qui décide que ces officiers paieront directement, tant entre les mains de P. Dupont et de S. Lourdet qu'entre celles des administrateurs des biens des pauvres pour le surplus.

Pour assurer l'exécution de cet arrêt, une commission conforme est adressée le même jour aux officiers de tous les greniers à sel de la Généralité de Paris.

XXXI.

Extrait des Registres du Conseil d'État.

(Paris, 27 mars 1634.)

Sur la requeste présentée au Roy par *Simon Lourdet*, entrepreneur de la manufacture des tapis façon de Turquie et ouvrages de Levant, contenant que, par la permission de Sa Majesté, soubs quelques articles arrestez ou moyennant les privilèges qu'il luy auroit plu accorder au suppliant, confirmez en toutes les Cours souveraines, et confirmez par arrests du Conseil, ayant travaillé audit establissement, il y auroit si heureusement réussy que des enfans qu'il auroit pris ès hospitaux de ceste ville, suivant son traité, il s'en trouve à présent tel nombre d'instruits et dressez en ladite manufacture, que véritablement on sera contrainct d'advouer qu'il n'y aura lieu au monde où lesdits ouvrages soient fabriquez dans la perfection qu'ils se travaillent en ce royaume, dont les étrangers envieux ont fait leur possible de les contrefaire, à quoy n'ayant peu réussir, pour en tirer l'invention et s'en faciliter la fabrique, ont tant fait que par promesse, présens et autres voyes, ils ont desbauché quelques uns des ouvriers instruits par le suppliant, par l'industrie desquels, employant toutes sortes de matières, principalement en Angleterre, ils en apportent une telle quantité et à si vil prix, que, par le temps, ce qui estoit tenu excellent pour estre travaillé en sa perfection sera négligé et méprisé, et les estrangers tireront le proffit de ce que les subjects de Sa Majesté ont par leur industrie et leur travail si heureusement inventé, ce qui ne sera jamais trouvé raisonnable; dont s'ensuivroit, si Sa Majesté n'y fait donner ordre, la ruine de cet establissement qui sert de moyen d'exercer nombre de pauvres, qui, au lieu de passer leur vie à une oisiveté misérable et méprisable, se tirant de la nécessité par ce moyen, paroissent plus que leur naissance ne pourroit permettre, en quoy le public trouve un notable interest, auquel il est très nécessaire de pourvoir; et attendu que desjà en pareille occasion pour les manufactures de tapisseries, il a esté jugé nécessaire de pourvoir, pour conserver l'establissement faict en ce royaume de la fabrique d'icelles, et deffendre le traffic et la distribution d'icelles qui estoient faictes ès pays estrangers, par l'achapt desquels il se transportoit grand nombre d'or et d'argent de ce royaume, et qu'il ne s'en fera pas moins pour les manufactures des tapis façon de Turquie et autres ouvrages de Levant, contrefaisant celles qui se fabriquent en ce royaume beaucoup esloignez de prix et de valeur, ainsi que Sa Majesté l'a deffendu par l'article cinquiesme de leursdits privilèges, y ayant déjà nombre d'ouvriers faicts par ledit *Lourdet;* il plaise à Sadite Majesté, conformément aux règlements accordez aux ouvriers desdites tapisseries, et affin d'inviter les François d'apprendre ladite manufacture, et les estrangers de venir les rechercher en ce royaume, faire deffenses à tous marchands estrangers ou autres de faire entrer aucuns ouvrages de ceste nature et manufacture, velus, façon de Turquie et de Levant, comme chaises, carreaux, tapis et autres ouvrages semblables, d'Angleterre ou autres lieux estrangers, sous peine de confiscation et d'amende contre les contrevenans, dont le tiers appartiendra aux pauvres, l'autre tiers au dénonciateur et le troisième tiers au suppliant. Et pour les tapis de Turquie et venant de Levant, que pareilles deffenses seront faictes, sauf à Sa Majesté à en ordonner certain nombre de passeports pour fournir le commun, dont le suppliant aura le tiers, tout ainsi qu'il a esté cy-devant accordé aux ouvriers de tapisseries. Et, pour cet effet, que toutes lettres nécessaires pour lesdites deffences et passeports seront expédiées en faveur du suppliant qui tiendra la main à la continuation de ladite manufacture, comme y estant le plus intéressé, soubs la direction de tel du Conseil qu'il plaira à Sa Majesté commettre pour la direction desdits ouvrages, et maintenir les ouvriers d'iceux.

Veu par le Roy en son Conseil, la requeste, coppie imprimée de l'édit du Roy Henry quatriesme pour la manufacture des tapisseries de Flandres au mois de janvier 1607; vérification et enregistrement d'icelui au Parlement contenant aussi les deffences faites à tous marchands d'apporter ou faire apporter en ce royaume aucune desdites marchandises; autre coppie imprimée de l'arrest du Conseil d'État de Sa Majesté portant permission audit *Lourdet* d'establir ladite manufacture de tapisserie façon de Turquie du 28ᵉ avril 1625; commission sur iceluy du 27 avril 1627; coppie de lettres-patentes pour l'enregistrement de vérification dudit arrest en la Chambre des Comptes, et en la Cour des Aydes, et autres pièces qui ont esté mises par devers le commissaire à ce député; ouy son rapport, le Roy, en son Conseil, a faict et fait très expresses inhibitions et deffences à tous marchands estrangers ou autres, de faire entrer aucuns ouvrages de la nature cy-devant déclarée et manufactures velues façon de Turquie et de Levant, comme chaises, carreaux, tapis et autres ouvrages semblables, d'Angleterre ou autres lieux estrangers, à peine de confiscation et d'amende contre les contrevenans, dont le tiers appartiendra à Sa Majesté, l'autre tiers au dénonciateur et l'autre tiers au suppliant. Fait aussi Sa Majesté pareilles deffences, sur les mesmes peines, à toutes personnes de faire entrer aucuns tapis de Turquie venant de Levant, à la réserve du nombre qui sera permis par Sadite Majesté, dont le tiers appartiendra audit suppliant, conformément aux règlemens sur ce faicts.

Fait au Conseil d'État du Roy, tenu à Paris, le vingt septiesme jour de mars 1634. Signé : Cornuel. Et scellé du grand sceau de cire jaune.

Suit la commission du Roi, du même jour, ordonnant au premier huissier ou aux sergens à verge requis par Lourdet, de signifier l'arrêt précédent à qui il appartiendra.

XXXII.

Requête au Roy et a nosseigneurs de son Conseil.

(Sans date.)

Dupont revient à la charge pour obtenir le logement et l'atelier promis à la Savonnerie et que Lourdet se refuse obstinément à lui livrer; il demande au Roy que le local vainement attendu depuis si longtemps lui soit délivré sans délai.

« A ces causes, il vous plaise, Sire, que lieux commodes et spacieux seront, sans aucun delay, delivrez audit suppliant pour s'y loger et mettre sesdits mestiers, chaudières pour les teintures et autres ustancilles, affin d'instruire les cinquante enfans mentionnez par ledit arrest, affin qu'il soit veu un establissement entier et parfait de tant de divers et beaux ouvrages, et que le public en puisse estre fourny, cela estant plus facile à deux qu'à un seul, affin que l'estranger y soit attiré pour y apporter son argent, au lieu que nous luy portions le nostre. Et pour cet effect que Commission sera décernée au sieur Grand Prévost, ou autre qu'il plaira à Vostre Majesté, pour y installer et loger ledit suppliant, suivant et conformément audit arrest de vostre Conseil du 17 avril 1628, et jusques à ce que lesdits administrateurs et ledit *Lourdet* y ayant satisfait, ordonner que ledit suppliant joüira de ladite pension à lui accordée par Vostre Majesté et qu'il en sera payé, ensemble des arrérages d'icelle, de trois en trois mois, suivant et conformément à l'arrest de vostredit Conseil du 9 mars dernier. Et ledit suppliant continuera ses prières pour l'accroissement de Vostre Royale Majesté. »

XXXIII.

Factum de Pierre Dupont pour servir d'instruction au différend pendant par devant Nosseigneurs du Conseil entre Pierre Dupont, tapissier ordinaire du Roy en ses tapisseries de Turquie et autres ouvrages du Levant, inventeur et entrepreneur de ladite manufacture et instruction des pauvres enfans en icelle, deffendeur ; contre Simon Lourdet, jadis son apprenty et maintenant son associé audit establissement, demandeur en requeste. — Et encore ledit Dupont, incidemment demandeur, contre les administrateurs des pauvres enfermez, deffendeurs[1].

(Sans date.)

Ce seroit (à la vérité) une chose loüable audit *Lourdet* demandeur, si suivant l'instruction qu'il a reçue dudit *Dupont*, son maître, deffendeur en ceste partie, il faisoit correspondre les effects à ses paroles, et s'il n'eust point si laschement terny le lustre de quelques bonnes parties (qu'il s'estoit acquises par ceste instruction) d'une infinité de vices et corruptions, qui naissent ordinairement (par je ne sçay quelle influence) en ceux de même extraction que celle de *Lourdet*, et si ceste excessive ambition et appétit desordonné d'un avoir (qui saisit coustumièrement tels esprits) n'eust fait naistre en son cœur une ingratitude plus que desnaturée envers son maistre et bienfaiteur.

Or ledit *Dupont* ne s'estant jamais porté autrement à l'endroit dudit *Lourdet* que comme un père envers son enfant, Dieu sçait si ce n'est pas avec regret qu'il a esté contrainct de faire voir au jour la vérité de ses déportemens, qu'il cacheroit très

---

1. Bien que ce dernier *factum* de P. Dupont, fort injurieux pour S. Lourdet, ne soit en grande partie qu'une redite de tous les faits analysés ou produits déjà, comme il peut être considéré comme se rattachant plus spécialement à la *Stromatourgie* dont il formerait en quelque sorte un V⁰ parterre, nous avons cru devoir le publier en entier.

volontiers, comme ayant esté sa nourriture et son disciple qui a fait esclatter l'invention dudit *Dupont* en ladite manufacture que pas un autre. — Mais, comme ledit *Dupont* s'est veu attaqué par ledit *Lourdet* (porté d'une ingratitude), non seulement en ses biens, mais en son honneur et en sa vie, Nosseigneurs excuseront, s'il leur plaist, si ledit *Dupont*, plus que sexagénaire, et cassé, et prest de se voir précipité, lui et toute sa famille, dans une misère inévitable, poussé de juste douleur, il s'ayde des armes que nature a données à ceux de son âge et à toute créature vivante, non qu'il veuille repousser l'injure par injure, ny rendre mal pour mal, mais seulement par parolles vrayement françoises, ausquelles il n'a sceu trouver d'autres vocables, faire cognoistre les ruses et artifices dudit *Lourdet*, et son équité et justice pour sa protection et deffence.

Il est donc à remarquer (Nosseigneurs) qu'iceluy *Dupont* ayant quitté ses études au siège de Paris, s'adonna comme par passe temps à divers ouvrages et entre autres à l'invention et à la méthode de faire travailler ausdits tapis de Turquie, avec facilité des petits enfans et en quelques autres ouvrages du pays de Levant, et à des outils propres et convenables.

De quoy adverty, le feu Roy Henry le Grand (de très heureuse mémoire) commanda audit *Dupont* de venir loger dans sa Gallerie du Louvre, afin (qu'en travaillant pour Sa Majesté) il instruisît quant et quant quelques pauvres enfans audit art pour l'establir partout son royaume. Pour obéir audit commandement, ledit *Dupont* s'alla loger en ladite Gallerie, et prit quelques apprentys en l'an 1604; entre autres fut un nommé *Henry Angevin*, fils d'un tailleur, et ledit *Lourdet*, fils d'un crocheteur et d'une lavandière, tous deux de la place Maubert.

Lesdits enfans sortis d'apprentissage furent envoyez par ledit *Dupont* de çà de là, pour establir ladite manufacture, comme ledit *Angevin* à Rouen, où sont encore beaucoup d'ustancilles audit *Dupont* appartenant, *Philippes Jugles* à Saumur, *André Le Queste* à Beauvais, et un des disciples dudit *Angevin* qui est maintenant à Nantes, et ainsi en divers lieux ladite manufacture fut dès lors establie.

Mais *Lourdet*, ayant couru le pays et estant revenu en ceste ville, commença à travailler de son mestier vers la place Maubert; il se rencontra que M. Bayen, procureur en la Cour, voyant de ses ouvrages et l'ayant ouy parler, lui offre sa bourse et son conseil, et l'introduit vers les administrateurs des pauvres. Lesdits sieurs, charmez de ses belles promesses, sans sonder ce qu'il sçavoit faire, passent un contract avec luy en vertu duquel ils le logent en l'hospital de Bonport et luy donnent des enfans pour les instruire en plusieurs sortes d'ouvrages et sciences, comme il promet par ledit contrat, lesquels ouvrages il ne les sçavoit pas lui-même, comme il ne les sçait encore de présent. D'abondant, promet ledit *Lourdet* quatre cent cinquante livres tous les ans au bureau des pauvres et audit Bayen le premier tapis qu'il feroit, mais il n'a exécuté ni l'un ni l'autre; car, selon *Lourdet*, promettre et tenir sont deux contraires en un mesme sujet. Pendant tout lequel temps ledit *Dupont* s'estoit adressé au Roy à présent régnant, pour le supplier de vouloir achever le dessein que le feu Roy avoit eu d'establir ladite manufacture. Ce que Sa Majesté ayant eu d'agréable, commanda audit *Dupont* de s'adresser en son Conseil, de quoy ledit *Lourdet* adverty vint trouver ledit *Dupont* avec mille protestations de fidélité et de services, et le pria de l'associer avec lui.

Ledit *Dupont*, craignant encore son naturel cauteleux, en voulut passer un acte par devant nottaires, pour s'en asseurer.

Ledit acte passé, ledit *Dupont* dresse et escript ladite requeste au nom de tous deux, la présentent au Conseil, la poursuivent ensemblement, obtiennent arrest en forme d'articles, payant en commun, se rendent compte l'un à l'autre, et demeurent par leurs mémoires de frais quittes l'un envers l'autre de toutes choses, et aussi en bonne amitié vont à la Cour; après le *soit monstré*, s'en vont à Monsieur le Procureur général pour avoir ses conclusions, lequel sieur, après huit mois de temps, se trouvant importuné, refuse de les bailler, disant à *Lourdet* qu'il avoit passé un contract et qu'il vouloit qu'il fût observé. Sur cela, lesdits administrateurs et le corps des tapissiers s'opposent ausdites lettres. Voilà donc tout demeuré entre les mains dudit sieur. Mais ledit *Lourdet* ayant trouvé moyen de les retirer de ses mains, tourne le dos audit *Dupont;* change de procureur commun et poursuit lesdites conclusions contre les opposans en son nom seul. *Dupont* devient malade; pendant lequel temps, ledit *Lourdet* et les opposans sont appointez à escrire et produire; et lesdits tapissiers disoient par leurs écritures que *Dupont*, maistre de la chose, et mesme dudit *Lourdet* desnommé, estant aussi bien dans lesdits articles que *Lourdet*, ne paroissoit pourtant en la poursuite, qui estoit un tour que ledit *Lourdet* vouloit faire pour leur faire un second procez; à cela *Lourdet* répond que ledit *Dupont* (à cause de son incapacité et nécessité) avoit abandonné l'affaire. Se veit-il jamais une ingratitude plus desnaturée qu'audit *Lourdet* ? Lequel, possesseur des originaux desdits articles, pensant être au-dessus du vent et n'avoir plus que faire dudit *Dupont*, lui vouloit faire un traict si lasche, sans aucun sujet que de lui avoir procuré trop de bien; et, non content de lui ravir les biens, le vouloit flestrir ainsi en son honneur; mais c'est son humeur et son ordinaire de traicter ainsi ses bienfaicteurs. Ledit *Dupont*, adverty de telles menées, n'eut loisir que de présenter sa requeste à la Cour, pour estre reçeu partie intervenante et fournir ses moyens d'intervention, et payer à lui seul les conclusions. Ils vont à la Cour, poursuivant la vérification desdits articles conjointement, payant les espices et l'arrest en commun; mais ledit *Dupont* paya lui seul l'enregistrement à Mᵉ du Tillet en escus d'or.

L'arrest levé, *Dupont* prie les administrateurs de luy livrer place en la Savonnerie; le renvoyent à *Lourdet*, et *Lourdet* à eux; *Dupont*, se voyant ainsi balloté, est contrainct de les faire sommer, à faute de quoy proteste de tous ses despens, dommages et interests.

Ledit *Lourdet*, ayant proposé dès l'heure la ruine dudit *Dupont*, ne songe plus qu'à inventer mille mensonges, calomnies, surprises et toutes sortes d'artifices qu'une âme comme la sienne se peut imaginer, à supplanter et terrasser un ennemy. En voicy une des plus signalées, qui a esté le premier coup de la ruine dudit *Dupont* :

Comme ils eurent arresté ensemble de recognoistre leurs bienfaicteurs de quelque plat du mestier, ledit *Lourdet* se met en besogne, à la charge par ledit *Dupont* le rembourcer de sa part et portion, comme n'ayant ni le lieu, ni tant d'ouvriers que *Lourdet*, lequel aussitost qu'il eût fait, sans en parler audit *Dupont*, il les présente lui seul en son nom à quelques personnes d'authorité que ledit *Dupont* ne veut nommer pour le respect qu'il leur doict, en tire payement (comme ledit *Dupont* l'a sceu depuis), et fait accroire que ledit *Dupont* n'y avoit voulu contribuer, ny mesme en la poursuitte desdits articles et qu'il avoit seul pris toute la peine, sur l'advis d'un fonds que ledit *Dupont* avoit eu. Ledit *Lourdet* présente requeste au Conseil au desceu d'iceluy, lequel voyant tous les jours des entreprises nouvelles dudit *Lourdet*, faictes à son préjudice et contre la teneur de leur association, le faict sommer à luy rendre lesdits originaux de leurs articles communs.

Lourdet soutient avoir fait de grands frais : *Dupont* lui en demande le mémoire. *Lourdet* refuse. De laquelle contestation un personnage de crédit et d'authorité (auquel il devoit tant honneur et respect) en voulut estre l'arbitre ; lequel condamna ledit *Dupont* à payer dix huit cent livres, payables en trois années prochaines, sur quinze cents livres de pension que Sa Majesté lui avoit accordée, laquelle pension ne fut arrestée qu'en l'année 1633, et le contract n'est qu'en 1630.

Ledit *Dupont*, quoiqu'il eût monstré son mémoire de frais, par lequel ils paroissoient estre demeurez quittes l'un envers l'autre, et qu'il eût remonstré audit sieur qu'un arrest et une lettre-patente, ny mesme autre chose, ne pouvoit avoir cousté trois mil six cent livres, le voilà pourtant forcé à bailler ladite somme, et estre spolié desdits originaux, par un contract qu'il passa avec ledit *Lourdet* en 1630, le 16 octobre.

Par le second article desdits privilèges susmentionnez, il est ordonné que lesdits *Dupont* et *Lourdet* seront tenus d'enseigner audit art, en chacune bonne ville de ce royaume, tel nombre d'enfans qu'il leur sera prescrit, et par le huictiesme, que lieux commodes et spacieux leur seront baillez en ladite Savonnerie, tant pour leurs logemens que pour y mettre leurs mestiers, afin d'y instruire audit art continuellement jusques au nombre de cent enfans ; et pour les recompenser des frais Sadite Majesté leur accordera à chacun d'eux la somme de quinze cent livres tous les ans de pension.

Pour faire vérifier ladite pension, ils présentèrent une requête conjoinctement à la Chambre des Comptes, laquelle ordonne qu'auparavant faire droit sur icelle, Maistre Mathieu Bourlon et Maistre Charles Barentin, Conseillers et maistres en icelle, se transporteront en ladite Savonnerie pour voir en quel estat estoit ledit establissement. Ils s'y transportent, trouvent une salle bastie de neuf aux despens du Roy pour ledit establissement vuide et inutile, de laquelle ledit *Dupont* avoit le brevet de Sa Majesté ; en font leur rapport en la Chambre qui ordonne que ledit *Dupont* y seroit establi, etc. Ledit *Lourdet* s'oppose audit arrest et présente sa requeste à la Chambre, de laquelle il est débouté, et que sans avoir esgard à icelle, ordonne derechef que lesdits sieurs s'y transporteroient pour y establir et loger ledit *Dupont ;* ce qu'ils firent. Mais pensans y rencontrer de l'obéissance audit arrest et articles du Roy, ils y trouvèrent de la rébellion préméditée et des injures de la femme dudit *Lourdet*. Voyant cette esmotion, lesdits sieurs donnèrent délay de quinzaine ; pendant lequel temps ledit *Lourdet* présente sa requeste à la Cour pour estre reçu opposant ausdits deux arrests de ladite Chambre, obtient arrest de la Cour par lequel ledit *Dupont* est débouté desdits lieux.

Ceste tant manifeste opposition dudit *Lourdet* monstre assez de quelle volonté il a toujours esté poussé contre ledit *Dupont* et pour son proffit particulier, lequel *Dupont* fondé en arrest du Conseil et en meilleurs et plus forts termes que ledit *Lourdet*, en s'asseurant sur lesdits deux arrests, fit beaucoup de despence alors en grands mestiers, chaudières et autres ustanciles, pour instruire ladite jeunesse ; mais le tout lui est demeuré jusques à présent en pure perte pour n'avoir pas de lieux assez grands. Donc ledit *Dupont*, se voyant frustré des originaux et de ladite Savonnerie par arrest de la Cour, fait sommer derechef lesdits administrateurs et ledit *Lourdet* de lui livrer, suivant sondit contract, lesdits originaux et place en ladite Savonnerie. Ils s'en mocquent. Ledit *Dupont* présente sa requeste au Conseil. Finalement, après un long temps, lesdits administrateurs font signifier audit *Dupont* un refus.

Il fut aussi question de faire vérifier et enregistrer lesdits articles et pension à la Cour des Aydes. Ledit *Lourdet*, qui estoit pour lors empesché à vendre ses tapis à la foire, pria ledit *Dupont* d'y vacquer, ce qu'il fit, et paya tout lui seul. Comme *Dupont* redemande la moitié de ses frais, ledit *Lourdet*, à sa manière accoustumée, dit qu'il avoit beaucoup fait d'autres frais, et le veut payer en gambades, fait saisir sa pension quoiqu'il luy fût encore redevable de cent six livres quarante sols six deniers, le reste de frais qu'il avoit faits en ladite Cour, tousjours pour matter ledit *Dupont*. Ce qu'iceluy voyant, afin de le faire venir à compte, le fait sommer au Chastelet, qui aussitost présente encore requeste à la Cour, à laquelle est mis, les parties appelez, et cependant deffences au Chastelet d'en cognoistre. Les voilà donc appointez à escrire et à produire, *Dupont* se voyant réduit dans la nécessité en laquelle ledit *Lourdet* lui tenoit le pied sur la gorge. Pressé par l'importunité de ses amis, les crieries d'une femme et les pleurs de ses enfans pensans que ce fut luy qui refusoit l'accord et qui ne pouvoient appercevoir la fourbe que ledit *Lourdet* vouloit jouer, ni à quelle fin tendrèrent tous ses artifices, se résolut enfin (pensant achepter la paix) de passer un second contract par lequel fut arresté que ledit *Lourdet*, en baillant main-levée, recevroit douze cent livres, et les autres six cent livres par quartier, cent cinquante livres par chacun, et que les frais faits par ledit *Dupont* en la Cour des Aydes pour ledit *Lourdet* seroient rabattus audit *Dupont* en déduction, et que lesdits originaux seroient mis entre les mains de Maistre Guillaume Chevallier, et que ledit *Lourdet* en bailleroit autant en originaux à ses depens audit *Dupont*. Mais comme ce fut à les livrer, *Lourdet* se saisit des privilèges (qui sont les meilleures et principalles pièces) disant que c'estoit affin d'en pouvoir lever d'autres semblables pour les bailler audit *Dupont;* mais il s'en est bien esloigné ; car quatre mois se sont escoullés depuis, pendant lesquels ledit *Dupont* (qui ne recherchoit que la paix en sa vieillesse) prioit ledit *Lourdet* de vouloir au moins satisfaire une fois à sa parolle consignée ès mains de la foy publique, finalement se voyant mocqué en belles parolles, le fait sommer au Chastelet. Il fait deffaut afin d'en bailler tout du long audit *Dupont ;* est réassigné ; il présente encore requeste à la Cour ; les parties appellées, est plaidé à l'audience ; il est dit que les pièces seront mises par devant lesdits Sieurs de La Nauve, où elles sont encore depuis un an et plus, sans que ledit *Lourdet* ait voulu faire vuider ladite instance, se contentant d'avoir spolié ledit *Dupont* de la Savonnerie et desdits originaux, qui sont les deux premiers points de son dessein, et de lui faire couster de l'argent et perdre son temps à courir. Il n'y a plus qu'à lui enlever sa pension qui est son dernier but, et la vie dudit *Dupont*, de sa femme et de cinq enfans qu'il a.

Donc *Lourdet*, qui ne sceut jamais comme il faut exécuter un contract, fit offre audit *Dupont* de lui bailler quelques prétendues coppies en parchemin signées, ainsi qu'il disoit, du greffier du Conseil, et aussi bonnes que les originaux mesmes.

Pour respondre à cecy, ledit *Dupont* soutient que ce mot *autant* signifie en nostre langue françoise autant ou en substance, ou en quantité, ou en mesure, ou en qualité..... Or lesdites coppies manquant en substance, d'autant que n'y ayant ny sceau, ny enregistrement, ny lettres-patentes signées du Roy, ny la quantité du parchemin, ni d'escriture, ny mesme des signatures, par conséquent n'estant de la qualité requise, et ledit *Dupont* ne pouvant s'establir en aucun Parlement en vertu d'icelles sans lesdits originaux, il est très certain que ledit *Lourdet* n'en ayant autant baillé, ny en mesme forme audit *Dupont*, il n'a satisfait à son contract, et partant, soubs le bon plaisir de la Cour, doit estre condamné en tous les despens, dommages et intêrets d'iceluy, lequel pour mettre ledit *Lourdet* en son tort, ledit *Dupont* lui propose qu'il aye à choisir de quatre choses l'une; à sçavoir :

Puisqu'il dit qu'elles sont aussi bonnes, ou qu'il les prenne pour luy et qu'il baille lesdits originaux audit *Dupont*, attendu qu'il est desjà estably et qu'il y est desjà obligé de parolles en la présence de gens de biens et d'honneur qu'il ne peut récuser, afin que ledit *Dupont*, qui n'est encore estably, puisse faire en quelque lieu quelque establissement.

La seconde est : ou bien, qu'il lui rende les dix huit cent livres que ledit *Lourdet* lui a frauduleusement enlevez puisque c'est (comme porte le contract; à la charge que ledit *Lourdet* lui baillera autant en originaux) afin que ledit *Dupont* en puisse lever d'autres ; car d'avoir le drap et l'argent ce n'est pas le fait d'un honneste marchand.

La troisiesme est : puisqu'il est obligé aussi bien que ledit *Dupont* d'aller instruire des enfans par les meilleures villes de ce royaume audit art, il est bien plus raisonnable que lui qui est jeune, qui est disciple, et très obligé à son maistre, qui a possédé ladite Savonnerie douze ans et plus, de laquelle le contract qu'il a passé est maintenant résolu ; ou qu'il cède ledit lieu audit *Dupont* pour faire voir s'il ne fera pas mieux que lui et qu'il aille faire autant d'establissemens que ledit *Dupont* en a déjà faicts.

S'il dit que ç'a esté devant les privilèges obtenus, aussi ledit *Dupont* avoit-il dès ce temps là la parolle du Roy, il n'importe pas en quel temps puisque l'intention du Roy a esté en cela suivie ; alors, en ce faisant, ledit *Dupont* recevra lesdites coppies jusques à temps que ledit *Lourdet* aye fait quelque establissement.

Le quatriesme est ou qu'il remette les originaux desdits articles et arrests, et autres pièces originales qu'il a encore en ses mains, entre celle dudit Chevrollier, comme il est obligé par le contract, afin que l'un et l'autre y puisse avoir recours au besoin ; de vouloir tout avoir c'est le fait d'un capitreur insatiable, et afin que l'un et l'autre soit en pareil degré, qu'il soit dit par la Côur qu'ils ne pourront être retirez des mains dudit Chevrollier, sans le consentement mutuel de l'un et de l'autre, et que celui des deux qui en aura affaire sera obligé de les rapporter dans le temps par eux advisé, et par corps, et à peine de mil livres applicables moitié aux pauvres, et l'autre moitié à son compagnon.

De toutes lesquelles propositions il en doit pour le moins choisir l'une, comme estant toutes justes et équitables, et posé le cas que toutes ces raisons ne soient de poids, si est-il constant que lui, qui est inférieur à son maistre en tout, et qu'il n'a aucuns tittres pour les avoir plutost en sa possession que ledit *Dupont*, doit céder à la loy, qui accorde toujours aux aisnez quelque chose d'avantage. Or ledit *Dupont* estant l'autheur de la chose, et son maistre, et le plus aisné en la société, et en la maison du Roy, en qualité de son tapissier ordinaire, sauf correction de la Cour, il en doit estre le possesseur. Que s'il dit que c'est lui qui a avancé tous les frais, c'est à quoy il est répondu cy-devant et le prouvera du contraire. Et secondement, il en est plus que remboursé, et si c'est en vertu de ce tittre imaginaire, ledit *Dupont* en a un très véritable, signé de sa main, par lequel il appert que ledit *Dupont* a avancé de grands deniers en la Cour des Aydes, desquels, quoiqu'il ayt sceu faire, il estoit demeuré redevable (comme il est dit cy-dessus) de cent six livres quatorze sols six deniers.

Ledit *Lourdet*, insolent en sa prospérité et abusant impunément de la faveur que quelques personnes d'authorité lui portent, au lieu que (sacrée comme elle est) il la devroit reserver à quelque dessein vertueux, il s'en sert sordidement comme d'une planche à ruiner un pauvre vieillard, son maistre, qui lui a mis le pain à la main. Et voici comme il continue à y procéder : il juge qu'il faut donner quelque pretexte à son usurpation et la revestir de quelque couleur apparente; il a donc médité que puisque ledit *Dupont* estoit privé de la Savonnerie, qu'il ne pouvoit instruire lesdits enfans, et que lui qui seroit en possession obtiendroit facilement la pension dudit *Dupont*, lequel auroit beau se plaindre après, s'assurant bien par ceste faveur qu'il a qu'il ne sera escouté et qu'il estouffera ses justes plaintes et doléances par son caquet. Pour y parvenir, il présente clandestinement requeste au Conseil (car c'est ainsi que ses actions aiment le jour) par laquelle il demande que toute la Savonnerie et tous les enfans luy soient baillez à instruire. A cette demande lesdits administrateurs s'opposent, donnent leur cause d'opposition entre les mains de M. Turgot, maistre des requestes de l'Hostel du Roy. Ledit *Dupont* adverty présente sa requeste audit Conseil pour estre reçeu partie intervenante; il fournit ses moyens d'intervention; mais comme *Lourdet* se voit descouvert, il retire sa production d'entre les mains dudit sieur, et s'en va par devers Monseigneur le Premier Président, et tout cela contre les formes, afin d'esgarer l'affaire. *Dupont* adverty présente requeste audit Seigneur, et quand et quand fait signifier ausdits administrateurs qu'ils n'eussent à rien transiger avec ledit *Lourdet* sans y estre bien et deuement appellés afin de desduire ses causes d'opposition, à faute de quoy protestoit de nullité. Il leur fait pareillement signifier un certificat de son curé pour lever la mauvoise opinion que *Lourdet* leur avoit imprimé, à sçavoir que ledit *Dupont* estoit Huguenot afin de le rendre odieux.

Ledit *Dupont* présente encore une autre requeste audit Seigneur, le suppliant lui vouloir donner acte de ses offres qu'il faisoit par ladite requeste.

De despit, *Lourdet* fait saisir la pension dudit *Dupont*, sans lui parler, au lieu de lui bailler quittance et recevoir son argent que ledit *Dupont* lui a offert depuis, et qu'il n'a voulu recevoir, et ne sçait pourquoi. *Lourdet* qui se void de tous costés descouvert en ses artifices, lève le masque, et ainsi qu'il ne faisoit la guerre audit *Dupont* qu'en renard, maintenant il luy fait en lyon et desclare appertement quel a esté le but de tous ses desseins par la présente requeste qu'il a présentée à la Cour ; à laquelle ledit *Dupont* respondra de poinct en poinct et le plus briefvement que faire se pourra.

Premièrement, par icelle il se veoid qu'injustement il veut ravoir le droict qui appartient audit *Dupont*, son maistre, par tant de services qu'il a rendus et rend encore tous les jours actuellement à Leurs Majestez esdites manufactures, se disant tapissier du Roy sans en avoir jamais fait aucuns effets, ny avoir aucuns tiltres, et veut, comme le singe, imiter les actions dudit *Dupont* qui toujours a pris la qualité de tapissier, etc. et autres ouvrages du Levant, en sçachant faire de plusieurs sortes, tant à l'esguille que sur les mestiers. Mais ledit *Lourdet* n'en sçachant aucuns, doit estre privé (sous correction de la Cour) des susdites qualités.

Secondement, pour faire croire qu'il a esté toujours le seul entrepreneur, il prend la qualité d'entrepreneur des manufactures des tapis de Turquie et autres ouvrages de Levant. De ces ouvrages de Levant, il faudroit qu'il en monstrast quelque eschantillon afin de ne point parler ignoramment ; mais plus-tost malicieusement quand il se qualifie aussi seul instructeur de la pauvre jeunesse, comme si ledit *Dupont*, à la vūe d'un chacun, n'instruisoit pas encore journellement des pauvres enfans esdites manufactures, et en de plus belles qu'il ne sçauroit faire.

Que si ledit *Lourdet*, après s'estre opposé à la volonté du Roy et à deux arrests de la Chambre des Comptes, il n'a fait estat, non plus que les administrateurs, de tant de sommations et protestations à eux faites et qu'ils se seroient mocquez de toutes les diligences qu'en a fait ledit *Dupont*, et qu'ils l'ayent empesché par ce moyen d'entrer en la Savonnerie ; et si ledit *Dupont* n'a instruit jusques à cette heure ponctuellement audit lieu cinquante enfans, est-ce à dire que ledit *Dupont* doive estre spolié de sa pension pour la bailler à *Lourdet* comme il le veut ?

C'est celuy d'où vient la faute qui doit estre puni et non pas ledit *Dupont*, qui a fait tous actes de diligence à lui possibles, comme il se peut voir par ce qui est dit cy-dessus, hormis qu'il n'y a pas esté par voye de faict, cela n'estant permis, il n'a pas esté en la Savonnerie ; mais il est dans la Gallerie au service du Roy ; il n'instruit pas les cinquante enfans mentionnez ausdits privilèges, il en instruit d'autres aux galleries, selon les privilèges que le feu Roy a accordez aux habitans dudit lieu, et selon les lieux qu'il a pleu à Sa Majesté lui eslargir. Les lieux ne font pas l'instruction meilleure ; ils ne servent de rien, pouvu que la chose soit effectuée.

Touchant la grande quantité d'enfans instruits tous en un même tems et en un mesme art, ce n'est pas le plus expédient, ny pour establir une chose, ny pour le proffit desdits enfans. Car il seroit impossible qu'en une si grande quantité d'ouvriers du mesme estat, qu'il y en eust qui n'allassent enfin porter la hotte, et qu'ils ne se ruinassent les uns les autres ; et au lieu d'avoir fait des ouvriers ce seroit avoir fait des apprentys coupeurs de bourse, comme il ne s'en trouve que trop des apprentis dudit *Lourdet* dans Paris, à faute d'une meilleure instruction. Quelqu'un dira possible que ledit *Lourdet* a toute la peine et que la perte entière luy tombe sur le dos. Mais pourquoy a-t-il empesché que ledit *Dupont* n'eust pris sa part de ceste peine ? Pourquoy s'est-il opposé à la volonté du Roy et à deux arrests de la Chambre qui l'y ont voulu establir, lequel s'est tant de fois offert et offre encore tous les jours à desgager ledit *Lourdet* de cette peine et de ceste perte, voire entièrement s'il veut, et s'il n'en demandera pas la pension dudit *Lourdet*, et encore est très asseuré de mieux faire et de faire voir de plus beaux et divers ouvrages que luy. S'il y souffroit de la perte et tant de peine comme il dit, mais au contraire qu'il n'y fit un grand gaing, il y a longtemps qu'il eust quitté la place audit *Dupont*, et qu'il s'en fut fait descharger par arrest, comme il a faict de sondit contract. C'est à la vérité ce qu'il tasche de persuader à un chacun qui ne le cognoist pas et qui ne sçait pas de quel bois il se chauffe.

Mais quand ces raisons n'auroient aucun lieu, que deviendront tant de veilles, tant de travail, tant de despence que ledit *Dupont* a fait depuis quarante ans à trouver l'invention de ladite manufacture, cette méthode si facile par laquelle des petits enfans y peuvent travailler, des petites fillettes, l'industrie des outils propres et particuliers, l'instruction de tant d'enfans et mesme dudit *Lourdet* qui l'ont apprise gratis ? Quelle récompense aura ledit *Dupont* pour l'avoir donnée au public, qu'il pouvoit néantmoins la conserver pour ses enfans ? Que deviendront tant de services qu'il a rendus à Leurs Majestez depuis trente-deux ans, sans aucun proffit ny avancement que de la vie seulement, comme un chacun sçait ! Que deviendront tant de despences, tant de frais, tant de travail et de perte de temps qu'il a employé depuis huict ans en la poursuitte de ladite affaire, en laquelle il s'est consumé et endebté de tous costez ! Mais que deviendra maintenant sa vieillesse, sa femme, ses enfans, si on leur oste cette pension, qui est maintenant toute leur vie ? Car on sçait comme vont aujourd'huy les ouvriers du Roy, et qu'ils n'ont ny héritages, ny revenus, ny rentes. Certainement il faudroit qu'il n'y ait aucune justice au monde, et que Nosseigneurs n'eussent aucun ressentiment, ny pitié, ny miséricorde, comme vous, *Lourdet ;* mais le Conseil, plein d'équité, ne permettra jamais que la vieillesse dudit *Dupont* et la jeunesse de ses enfans, employée en ce seul exercice, soit réduite à la mendicité par les ruses et artifices d'un qui n'a autre chose au cœur que de contenter en peu de temps sa sordide avarice. Car voici ce qu'il fait : il use d'une si grande barbarie envers lesdits enfans, à qui il ne baille pas un morceau de pain, que lorsqu'ils sont prêts d'avoir achevé leur temps d'apprentissage, plusieurs ont esté contraints d'aller mourir à l'Hostel-Dieu, les autres vendre des pommes, les autres voleurs ; et puis il retourne importuner lesdits administrateurs pour en avoir d'autres nouveaux, afin que par ce moyen, il n'ait que de nouveaux apprentis, espargnant ainsi leur nourriture de la sixiesme année, et un habit de trente-six livres qu'il est obligé de leur bailler, et qu'il n'aye jamais d'ouvriers de peur de desbourser quelque argent pour leur faire gaigner leur vie. Voilà les astuces qu'il a toujours prattiqué.

Mais n'estant pas encore content de vingt mil escus qu'il a amassez, il veut persuader au Conseil qu'il doit encore avoir pour ses beaux exploits la pension dudit *Dupont* pour faire vistement sa fortune affin de laisser là tout.

Ledit *Dupont*, qui sçait tout le fait, s'estonne comme le procureur ou advocat n'a rougy de honte en dressant ceste requeste, quand ils y ont inséré que ledit *Lourdet* portoit toute la perte lui seul sur le dos ; mais ils sont à excuser, car possible est *Lourdet* s'est-il donné garde de leur dire quel il a esté, et quel il est maintenant. Et il n'y a homme au monde qui puisse s'imaginer que ledit *Lourdet* y aye fait aucune perte, sinon que des crochets de son père et du battouer de sa mère.

Et pleust à Dieu que ledit *Dupont* n'eust esté empesché par lesdits administrateurs et ledit *Lourdet* de rendre son devoir audit lieu de la Savonnerie ! Le Conseil n'auroit aujourd'huy les oreilles importunées de telles fourbes, dont ledit *Lourdet* abuse de la patience d'iceluy. Les administrateurs en eussent reçeu plus de contentement, les enfans une meilleure instruction, le public plus de service, l'establissement son lustre avec plus de durée, et ledit *Dupont* satisfait et de profit et d'honneur, sans envier le bien ny la pension dudit *Lourdet*, comme il veut avoir la sienne. Il ne lui a jamais procuré que tout le bien et l'honneur qu'il a maintenant ; mais il en reçoit de très mauvais remerciemens. Si ce gentilhomme eust reconnu son chien enragé, à qui il avoit baillé si souvent du pain, il se fut bien gardé de sa morsure ; mais quoy ce sont fruits de ce siècle qu'il nous faut dévorer, bon gré mal gré que nous en ayons.

Mais revenons à une pure et nue vérité ; or est-il constant qu'il y a près de quarante ans que ledit *Dupont* a inventé et donné au public ladite manufacture et outils. Mais il ne se trouvera pas que ledit *Lourdet* ait jamais inventé le moindre outil du monde, depuis qu'il est sorti d'apprentissage d'avec ledit *Dupont* qui a instruit lesdits enfans, et non ledit *Lourdet*, qui n'en est que l'instrument. Qui apprend aujourd'hui la philosophie à tant de personnes ? Ne disons-nous pas que c'est Aristote, Pitagore, Sénèque et autres. Ceux qui sont venus après ne sont que comme colporteurs de ces grands personnages, ausquels on a tout déféré l'honneur, et non aux disciples. Aussi voyons-nous plusieurs sciences, ouvrages, sectes et autres inventions prendre le nom mesme de leur autheur, et non de leur disciple qui n'ont jamais eu telle récompense qu'on donne toujours aux inventeurs.

Par ces raisons, ledit *Lourdet* (sauf correction du Conseil) ne doit prendre d'autres qualités que l'un des entrepreneurs de ladite manufacture simplement. Mais voici ce mot doré dont ledit *Lourdet* orne le frontispice de toutes ses requestes et escritures, qu'il mendie de son procureur et advocat, qu'il a puisé entre une infinité de beaux traits et parolles ampoullées d'un factum que lui a adressé autrefois cet advocat. Ce mot duquel la vertu n'a jamais sceu pénétrer jusques dans son cœur, cette charité qui sied si bien dans la bouche d'un grand, mais qui excite plustost risée en venant de sa part ; car quand on voit, que ni le pouvoir, ni la volonté et encore moins les effets ne se peuvent remarquer en luy, mais bien tout le contraire ; c'est pourquoy il en fait littière partout, abusant d'iceluy mal à propos.

Que si ledit *Dupont* se vouloit servir de telles frivolles basgatelles dont ledit *Lourdet* pense abuser le Conseil, combien feroit-il esclatter (à l'esgard de luy) l'invention d'une si belle manufacture et cette méthode si facile d'y instruire des petits enfans, des outils propres et particuliers, toutes lesquelles choses il pouvoit garder pour luy et pour ses enfans, et néantmoins les a données au public ; dont ledit *Lourdet* s'estant enrichy et lui appauvry, ce mot n'est doux, n'est beau, ny proffitable que par ses effets, autrement ce n'est qu'un vain babil, que le vent emporte. Si d'adventure *Lourdet*, qui ne sçait que c'est de ce mot, ne veut entendre que s'estre enrichy aux despens de la jeunesse de ses enfans, soit là sa charité, aussi le dit-il après son advocat, par innocence. Quand il dit qu'il passa à son désavantage un contrat avec les administrateurs, c'est ce que dit son advocat dans ce factum. Mais où estoit ce grand personnage de *Lourdet*, ou bien *Lourdet* mesme ? Lequel des deux signa le contrat ? Ce grand personnage n'y estoit donc plus, il n'y avoit que *Lourdet*, duquel l'esprit possible occupé à quelque sérieuse pensée ne pouvoit pour lors s'appliquer à telles vétilles ; c'est pourquoi sa main signa sans y penser ce que les administrateurs voulurent. A ce poinct ici, il ne peut esviter la qualité d'un fol, ou d'un enfant ou d'homme de mauvaise foy. Quant il a obtenu des lettres royaux pour se faire relever dudit contract, car telles lettres ne se donnoient autrefois que pour tels ou semblables gens, et pour ceux qui avoient vendu leurs biens pour moitié de juste prix. Or ce n'a esté ni pour marchandises, ny pour héritages qu'il aye vendus, mais pour esviter (par charité) une dixme qu'il devoit aux pauvres, pour le grand gaing qu'il faisoit aux despens de leur travail. Il faut donc advouer que la Cour débonnaire a eu pitié des caprices de son esprit, comme esmanés d'un enfant ou d'un homme perdu de sens et d'entêtement ; mais il est à croire que le tiers lui a faict jouer ce personnage.

A ce qu'il dit en suivant, que désirant d'establir cette manufacture, il s'avisa de rechercher l'association de *Pierre Dupont*, qui lors travailloit dans les galleries du Louvre pour le Roy de mesme art, combien de masques, combien de friponneries, combien de haillons pour couvrir le mensonge, combien d'artifices, de souplesses, de peine et de travail d'esprit pour vouloir estouffer une vérité si claire ! Quel gauchissement pour ne vouloir cheminer en homme de bien, comme si ladite manufacture n'eust été establie dedans lesdites galleries auparavant que ledit *Lourdet* y fust jamais entré pour y estre apprenty, et comme s'il n'avoit appris dudit *Dupont !* C'est un enfant ingrat qui mescognoist en sa prosperité ses père et mère ; c'est celui-là même qui, interrogé par quelques-uns où il avoit appris, ne ne peut rougir en respondant qu'il avoit esté en Turquie ; mais qui n'eut plus de réplique, quand on luy dit que ce n'estoit pas la méthode du païs, ains de mesme celle des Galleries. Le mensonge ressemble à l'yvrogne : quand on le pense mettre debout, il restombe de l'autre côté ; il luy faut beaucoup d'estayes pour le supporter.

Les paroles suivantes, arrachées par la force de vérité, ne l'ont point trompé ; car sans les cognoissances que ledit *Dupont* a eües, et qu'il ne l'eust point associé avec luy, ledit *Lourdet* ne seroit maintenant en peine de le troubler et ne seroit ce qu'il est maintenant. Il devroit donc recognoistre l'obligation qu'il a audit *Dupont* de luy avoir enseigné gratuitement une si belle manufacture qui lui a desjà tant acquis de biens, d'honneurs et de crédit, dont il se vante tant au Conseil qu'en la Cour, et non point lui vouloir ravir la vie comme il tâche.

Quand il dit qu'à sa diligence seule, et à ses frais et despens, il a obtenu lesdits privilèges, ledit *Dupont* y a cy-devant respondu pertinemment, et monstrera les pièces justificatives au

Conseil, qui feront cognoistre clairement ce mensonge, aussi bien comme les autres, ce que ledit *Lourdet* ne peut faire de son dire. Il propose ici au Conseil une vérité en partie, quand il dit que l'association paroist assez dissoute. Il dit vray : car jamais de sa part il n'en a gardé ny maintenu aucune clause, y ayant contrevenu en toutes ses parties : premièrement quand il tourna le dos audit *Dupont;* qu'il changea de procureur commun, et qu'il a rendu ledit *Dupont* intervenant en l'arrest de vérification en la Cour ; quand il a présenté requeste au Conseil au desceu dudit *Dupont*, qui est contre la teneur d'icelle ; quand il a obtenu du Roy un logement en ladite Savonnerie, et qu'il n'en a jamais voulu faire part audit *Dupont*, comme porte ladite association ; quand il luy a ravi lesdits originaux ; quand il a obtenu un arrest du Conseil à son proffit seul, du 27 mars 1634, de sorte que ledit *Dupont* auroit esté contrainct plusieurs fois de le faire sommer à ne plus gérer ny négocier aucune affaire sans luy ; quand il a fait des présens, comme il dit (s'il est vray), sans le veü et sceu dudit *Dupont*, et qu'il les luy a fait payer depuis, ainsi que les dix-huit cent livres ; et en plusieurs autres surprises, qui seroient trop longues à descrire. Mais quand il a fallu avancer de l'argent, ledit *Lourdet* a esté associé dudit *Dupont ;* et maintenant quand il n'en a plus eu que faire, ledit *Lourdet* veut que la Cour rompe leurdite association. Or ce qu'il désire maintenant qu'elle soit dissoute, c'est qu'il y a maintenant les arrérages de ladite pension de trois milles livres depuis 1627 jusques en 1634 qui sont deüs ausdits *Dupont* et *Lourdet*, lesquels par une requeste présentée au Conseil en son nom seul, il veut encore absorber. Et pleust à Dieu que ledit *Dupont* n'eust jamais associé ledit *Lourdet* avec luy et qu'il eust eu affaire à un homme de bien et d'honneur ! Il jouiroit maintenant d'un repos et tranquillité de corps et d'esprit, et n'eust pas été spolié de trois mil livres comme il a esté par les ruses dudit *Lourdet*. C'est cette association qu'il tasche aujourd'hui envers le Conseil de faire rompre, comme il a fait infirmer son contract d'entre les administrateurs, en la partie des quatre cent cinquante livres, et de la haute lisse ; et croit (tant il est vain) que le Conseil cassera tous ceux qu'il passera doresnavant, et qu'il lui sera licite par ce moyen de s'obliger à tort et à travers envers un chacun pour en tirer du bien et du support, et leur tourner le dos puis après, tant il a l'âme droitte. Il faict en cet endroit comme les enfans qui frappent les premiers et crient aussi les premiers au secours. Aussi, après avoir donné tant de traverses audit *Dupont*, il crie le premier et dit qu'il est molesté et inquiesté journellement par luy, ruse admirable pour abuser ceux qui n'auroient ny jugement ny raison à juger de la vérité des choses ; c'est ainsi qu'il noircit de ses couleurs propres ceux qui le veulent ranger à son devoir.

Tous les discours de cette requeste ne visant qu'au dernier poinct, où tous les artifices et dissimulations dudit *Lourdet*, ont tendu comme à leur centre, qui est de spolier entièrement ledit *Dupont*, non seulement de biens, mais de l'honneur et de la vie ; il conclud et dit hardiment qu'il a travaillé lui seul et travaille encore à cette instruction, sans que ledit *Dupont* ayt de sa part jusques à présent fait aucune chose pour s'establir en aucune ville de ce royaume. Y eut-il jamais pareille hardiesse à combattre une vérité si claire qui se peut voir des yeux et toucher de la main, une injustice pareille qui se rencontre en l'esprit dudit *Lourdet*? Il a tous les originaux en mains sans lesquels ledit *Dupont* ne peut agir ny s'establir en aucun Parlement ; et néantmoins il veut que, sans iceux, il aille vagabond et errant de ville en ville pour s'establir. C'est le valet qui veut chasser son maistre hors de sa maison, comme ce soldat de Philippes de Macédoine, lequel, ayant été sauvé demy mort d'un naufrage par un pauvre pescheur macédonien qui l'avoit traicté dans son propre lit et retourné en santé vers ledit Philippes, osa demander les terres et héritages de ce pauvre pescheur qui lui furent octroyez. Mais la vérité étant recogneu par ledit Philippes, le pauvre Macédonien fut restitué en ses biens, et le soldat flétri d'un fer chaud au front, afin que cest hoste le plus ingrat et convoiteux bélistre fut recogneu à jamais. Aussi, le Conseil par sa prudence et justice reprimera la plus salle ingratitude qui se soit encore présentée à ses yeux en ce siècle si corrompu. La loi de Dieu, de Nature, et les loix humaines, et mesme les arrests donnez en ce Conseil, condamnans ce vice, monstrent assez combien il a esté autrefois en horreur.

A la conclusion de cette requeste, qui lève le masque à

toutes cachettes et finesses dudit *Lourdet*, par laquelle il fait demande à la Cour que ledit establissement se fera en son nom seul et que les frais qu'il fera seront pris sur la pension dudit *Dupont*, on n'entend plus ce mot de *charité*, qui esclattoit tantost au frontispice de cette requeste. S'il ne veut dire par suppression du nom que ravir le bien d'autruy par quelque moyen que ce soit soit la charité qu'il entend, à la vérité on pourroit dire que l'ingratitude seroit moins détestable audit *Lourdet* que non pas les autres vices qui sont en lui, n'estoit que toutes les méchancetés naissent dans un cœur mécognoissant et ingrat, sans lequel à grande peine on n'a jamais veu aucune mauvoise entreprise pousser en avant.

Par toutes lesquelles raisons et moyens cy-dessus déduits et autres que la Cour par sa prudence suppléera trop mieux de droit et d'équité, ledit *Dupont*, deffendeur, joint ses offres cydessus, conclud à ce qu'il plaise au Conseil qu'en considération de son industrie qu'il a donné au public et en laquelle ledit *Lourdet* et tant d'enfans ont esté instruits par ledit *Dupont*, et de tant de services qu'il a rendus à Leurs Majestez, il sera envoyé absous des conclusions dudit *Lourdet* et maintenu en sa pension, défence audit *Lourdet* de l'y troubler à l'advenir directement ou indirectement, ordonner pareillement que lesdits administrateurs livreront lieux commodes et spacieux audit *Dupont* en la maison de ladite Savonnerie, tant pour son logement que pour mettre ses mestiers, chaudières et autres ustancilles pour y instruire les enfans, suivant et conformément à l'arrest du Conseil du 17 avril 1627, et que ledit *Lourdet* baillera audit *Dupont* les originaux à faute d'avoir satisfait à ses contracts du 16 octobre 1620 et du 15 mai 1634, et demande despens, dommages et intérêts de tant d'indües vexations, que ledit *Lourdet* lui brasse journellement.

Monsieur DE LA NAUVE, rapporteur.

XXXIV.

BREVET DU ROY.

(Saint-Maur-des-Fossez, 30 septembre 1637.)

Aujourd'hui, dernier de septembre 1637, le Roy estant à Saint-Maur-des-Fossez, sur ce qui lui a esté remonstré par

Pierre Dupont, son tapissier ordinaire en ses tapisseries et autres ouvrages de Turquie et de Levant, logé en sa gallerie du Louvre, que, par arrest de sa Chambre des Comptes, il auroit esté ordonné qu'il seroit tenu faire sa résidence actuelle dans la maison de la Savonnerie près Chaillot pour instruire audit art jusques au nombre de cinquante enfans, ainsi qu'il est porté par arrest du Conseil de Sa Majesté en forme d'articles, du 17 avril 1627 ; Sadite Majesté, considérant qu'il seroit du tout impossible audit *Dupont* de vacquer au service qu'il est obligé lui rendre tous les jours, comme il a fait depuis trente-trois ans en sondit art, s'il estoit contrainct de faire sa demeure en ladite maison de la Savonnerie, veu qu'en icelle un nommé *Lourdet*, qui a esté son apprenty, et à présent son associé audit establissement, y réside et y instruit lesdits enfans audit art ; eu esgard aussi que ledit *Dupont* a introduit et apporté en ce royaume l'invention de ladite manufacture pour laquelle il lui a convenu faire de grandes dépences en la poursuitte de l'establissement d'icelle ; Veut et entend Sadite Majesté qu'il continue et fasse sa demeure actuelle en ladite Gallerie où il est logé, pour lui rendre et continuer les services en sondit art, esquels Sadite Majesté l'a destiné à instruire en icelui les apprentis, ainsi qu'il a cy-devant faict, le dispensant à ceste fin de faire sa résidence ailleurs ; et, pour le récompenser des grandes pertes et travaux par lui faicts et soufferts pour raison dudit establissement et manufacture et luy donner moyen de vivre et le soulager en sa vieillesse, elle lui a aussi d'abondant octroyé audit establissement qu'il jouisse de la pension de quinze cens livres par chacun an qu'elle luy a cy-devant octroyé pour douze années qui finiront le dix-sept avril 1639, ensemble des arrérages d'icelle qui en sont deubs, suivant l'arrest du Conseil du neufviesme mars 1634, mentionnez en un estat depuis arresté en sondit Conseil, le dernier jour 1635 et dix-neufviesme aoust 1636, et que ladite pension soit encore continuée à lui et aux siens pour autres vingt années consécutives, à commencer dudit jour dix-septiesme avril 1637, sans aucune modification ou restriction ; et outre, que sa veuve et *Louis Dupont*, son fils, continuant ladite manufacture, soient maintenus et conservez après son décéds au logement et attelier que ledit *Dupont* possède en ladite Gallerie et qu'ils jouissent des mesmes pensions, privilèges, exemptions et franchises plus au long specifiez par lesdits articles, arrêts et estats cy-dessus mentionnez, m'ayant Sadite Majesté (pour témoignage de ce) commandé expédier le présent brevet qu'elle a voulu signer de sa main et estre contre-signé par moy, son conseiller et secrétaire d'Estat et de ses commandemens et finances, et sur iceluy toutes lettres et despêches necessaires. Signé : Louis ; et plus bas : De Loménie.

Collationné à l'original par moy, conseiller secrétaire du Roy et de ses finances.

XXXV.

Lettres-patentes a Messieurs de la Chambre des Comptes.

(Saint-Germain-en-Laye, 24 novembre 1637.)

Elles reproduisent presque littéralement les considérans et la teneur du brevet précédent.

XXXVI.

Contrat portant établissement de la Savonnerie en faveur de Philippe Lourdet et de Simon Lourdet [1].

(31 mars 1664.)

Par devant les notaires et gardenotes du Roy, notre Sire, au Châtelet de Paris, soussignés, furent présents Mre Jean-Baptiste Colbert, chevalier, baron de Seignelai et autres lieux, Conseiller du Roy ordinaire en tous ses Conseils, du Conseil royal, Intendant des finances, Surintendant et Ordonnateur général des Bâtimens, Arts et Manufactures de France, demeurant en son hôtel sis à Paris, rue Neuve-des-Petits-Champs, paroisse Saint-Eustache, stipulant les clauses et conditions du présent contrat pour et au nom de Sa Majesté, suivant l'ordre et pou-

---

[1]. Cette pièce ne fait plus partie de la 2e édition de la *Stromatourgie*. Nous l'ajoutons afin de compléter les documents réunis ici pour servir à l'histoire de la manufacture de la Savonnerie. (Voyez Arch. nat. O^1 1055, p. 277.)

voir qu'elle lui en a donné par sa lettre de cachet dattée à Saint-Germain-en-Laye, le vingt-sixiesme jour des présent mois et an, exhibées par ledit sieur Surintendant, demeurée en ses mains, d'une part; Mre Christophe les Chastier, Conseiller du Roy en ses Conseils, M^{re} ordinaire en sa Chambre des Comptes; Mre Christophe du Plessis, baron de Mont-Bas; Mre Leyscar, Conseiller du Roy en ses Conseils des Aydes; Mre Jean-Marie Lhoste, ancien avocat en Parlement; Me Chomel, Conseiller du Roy en ses Conseils, cy-devant trésorier des Ligues suisses; noble homme Cristophe Marelet, ancien consul de cette ville de Paris; Jean de Gomond, avocat en Parlement, noble homme Sébastien Cramoisi, ancien consul et ancien échevin de cette ville de Paris; Mre Séraphin de Mauroy, Conseiller du Roy en ses Conseils, cy-devant intendant des finances, baron de Germigni; Jacques Tiquet, ancien juge et consul; Jean Martinet, avocat en la Cour de Parlement; de Monthers, ancien échevin de cette ville de Paris; d'Orvissart; Antoine Vitré, imprimeur ordinaire du Roy et du clergé de France; Me Louis Bérier, chevalier, seigneur de d'Enterne, la Mothe Pontrilly et autres lieux, Conseiller du Roy en ses Conseils, secrétaire de Sa Majesté et de ses finances; Marchand et le s^r Poignet, directeurs de l'hôpital général de la ville et fauxbourgs de Paris; et les sieurs *Simon* et *Philippes Lourdet*, père et fils, maîtres tapissiers de Paris, travaillant en ouvrages de tapis de Turquie et autres ouvrages de Levant, desquels ledit *Simon Lourdet* est l'un de ceux qui en ont commencé l'établissement en France en l'année mil six cens vingt-sept, en conséquence de l'arrest et articles à lui et *Pierre Dupont*, tapissier ordinaire du Roy, accordés au Conseil de Sa Majesté le dix-septième avril audit an. Encore, d'autre part, disons, savoir ledit sieur Colbert, Surintendant audit nom, que le Roy ayant en singulière recommandation le rétablissement des arts et manufactures en ce royaume, comme chose importante au bien de ses sujets, qui par ce moyen trouvent matière de s'occuper au travail et d'apprendre à gagner pour se subvenir, Sa Majesté, ayant été bien informée que la plus grande partie des établissemens faits du temps du Roy Henry le Grand, et Louis le Juste, ses père et ayeul de glorieuse mémoire, pour commencer ou continuer lesdites manufactures, ont été délaissés ou tellement négligés par les entrepreneurs et autres ouvriers, qu'il n'en reste à présent que très peu, Sa Majesté a eu la bonté de donner ses ordres pour metre les maisons et lieux servans ausdites manufactures en bon état, même faire faire de ses deniers toutes les réparations qu'augmentations de bâtimens qui ont été jugés nécessaires, non seulement pour réparer, mais encore pour augmenter et rendre plus commodes lesdits lieux, et entr'autres la maison apelée la Savonnerie, sise au-dessous du village de Chaillot-lez-Paris, qui étoit l'année dernière en mauvais état, a été augmentée et réparée d'une infirmerie aux dépens de Sa Majesté, et en icelle lesdits *Lourdet* père et fils rétablis avec ladite manufacture de tapis et autres ouvrages de tapisserie de Levant qui en auroient été ôtés dès l'année mil six cens soixante ; et par lesdits sieurs directeurs du grand hôpital de la ville et fauxbourgs de Paris étoit dit qu'ils rendoient très humbles grâces à Sa Majesté du bien qu'elle fait journellement audit Hôpital Général, dont la maison de la Savonnerie est un membre, que l'intérest des pauvres et du public se rencontrant en ce rétablissement, ils se trouvent obligés de faire exécuter de leur part toutes les choses qui pourront contribuer à un si bon et si louable dessein, lesdits *Lourdet* père et fils y aportant de leur côté les bonnes intentions et dispositions nécessaires, en sorte qu'à l'avenir il ne puisse plus y avoir sujet de différens et contestations, ainsi qu'il a été par le passé entr'eux et ledit *Simon Lourdet ;* par lesdits *Lourdet*, père et fils, étoit dit qu'ils se reconnoissent infiniment redevables à Sa Majesté de leur rétablissement en ladite maison et de leur faire l'honneur de travailler pour son service ; que leur intention est de continuer leurs soins pour l'instruction des pauvres, afin d'établir et entretenir cette manufacture de tapis de Turquie et ouvrages de tapisserie du Levant dont ils font profession au plus haut point d'excelence et de perfection qu'il leur sera possible pour la satisfaction de Sa Majesté, du public, bien et utilité des pauvres aprentifs qui leur seront donnés dudit Hôpital Général, ausquels ils aprendront la manière de travailler ausdits ouvrages dans les temps, sous les conditions, selon et ainsi qu'il a été convenu et accordé avec lesdits sieurs directeurs de l'Hôpital Général en la présence dudit sieur Colbert, intendant des Bâtimens, Arts et Manufactures de France.

Desquelles conditions lesdits sieurs directeurs, audit nom, pour eux et pour leurs successeurs, directeurs de l'Hôpital Général, et lesdits *Lourdet*, père et fils, promettent, chacun de leur part, entretenir, exécuter et acomplir la teneur qui en suit :

C'est à savoir, lesdits sieurs directeurs ont promis et promettent ausdits *Lourdet*, père et fils, et au survivant d'eux, de lui bailler et fournir par chacun an soixante petits enfans de l'âge de dix à douze ans et au-dessus, tirés dudit Hôpital Général et maisons en dépendantes, choisis par iceux *Lourdet*, sans qu'ils puissent refuser ceux desdits enfans qui, de leur mouvement, témoigneront avoir inclination ou disposition de travailler ausdits ouvrages, lesquels, en cas qu'ils ne se trouvent propres audit travail, après trois mois de séjour dans ladite maison de la Savonnerie à compter du jour qu'ils y seront entrés, pourront être renvoyés audit Hôpital Général et conduits en icelui par le portier de ladite maison ou autre officier desdits directeurs qu'ils chargeront de ladite conduite, avec le certificat desdits *Lourdet*, ou l'un d'eux survivant, que celui ou ceux dont l'épreuve aura été faite pendant ledit tems ne se seront trouvés propres pour travailler ausdits ouvrages.

Ceux des enfans qui resteront après ledit tems de trois mois destinés pour leur épreuve, seront et demeureront aprentifs desdits *Lourdet*, et du jour suivant l'expiration desdits trois mois, le temps de six années auquel a été fixé leur aprentissage commencera à avoir cours sans interruption, si ce n'est en cas de fuite ou absence, auquel cas lesdits aprentifs, chacun en droit soi, seront tenus, en fin desdites six années, de fournir les chommages et travailler autant de tems qu'ils auront été absens ou fugitifs, à condition d'être nourris par lesdits *Lourdet* pendant le tems qu'ils satisferont à leursdits chommages ; mais si la cessation dudit travail arrive par maladie ou autre infirmité qui pourroit survenir ausdits aprentifs, pourvu qu'elles ne durent plus d'un mois, ils ne seront tenus d'aucuns chommages ; et s'il se passe davantage de tems, ils le parfourniront enfin desdites six années ; et afin que le jour auquel lesdits enfans seront entrés, celui du commencement de leur aprentissage, après les trois mois d'épreuve expirés, même que lesdits chommages puissent être connus certainement, il sera tenu registre double d'iceux, dont l'un sera ès mains desdits sieurs directeurs, et l'autre en celle desdits *Lourdet*, dont les feuillets seront paraphés et cotés par l'un desdits directeurs et l'un desdits *Lourdet* père ou fils ; et, audit cas de fuite ou absence desdits aprentifs, lesdits sieurs directeurs seront tenus les faire chercher en ladite ville et fauxbourgs de Paris, et les faire ramener en ladite maison de la Savonnerie pour parfaire le tems de leur aprentissage, si trouvés peuvent être, et [au cas] où il ne pouroient être retrouvés ou qu'il arrive le décès d'aucuns desdits aprentifs, lesdits *Lourdet* en prendront un ou plusieurs en la place de celui ou ceux qui seront absens ou décédés, en sorte qu'ils aient toujours ledit nombre de soixante aprentifs au moins.

Lesdits *Lourdet* père et fils, et le survivant d'eux deux, seront tenus, comme ils promettent, montrer et enseigner à leur pouvoir, avec toute l'aplication qui leur sera possible, ausdits aprentifs leur art et métier et à faire toutes sortes d'ouvrages de tapisserie de Turquie, façon de Levant, tant de soye, laine, or et argent, figures, portraits et desseins pour faire lesdits ouvrages, comme aussi à rentraire et mettre en couleur toutes sortes de tapisseries, faire lits, matelas, courtepointes et garnir les meubles et généralement toutes sortes d'ouvrages dépendans dudit art et métier de tapissier, sans qu'ils puissent employer lesdits aprentifs à autre travail, ni leur commander aucune chose que de licite et honnête, les traiter doucement, comme il apartient, durant le tems de leur apprentissage, en fin duquel lesdits aprentifs se pouront retirer ou aller où bon leur semblera travailler, sans qu'ils en puissent être empêchés par ledit *Lourdet* en aucune manière.

Ceux desdits aprentifs qui se trouveront les plus capables dudit art et métier de tapissier en fin de leur aprentissage, seront reçus à la maîtrise, suivant ledit arrêt du Parlement qui a réglé qu'il n'en seroit reçu qu'un par chacun an, duquel maître sera fait choix par ledit sieur Surintendant des Bâtimens, Arts et Manufactures, auquel lesdits *Lourdet* ou le survivant d'un d'eux délivreront leur certificat de capacité de ceux qui mériteront ladite maîtrise et les autres aprentifs qui auront achevé en six années de leur aprentissage jouiront, jusqu'à ce qu'ils puissent parvenir à icelle, du privilège d'établir ladite manufacture où bon leur semblera.

Lesdits sieurs directeurs de l'Hôpital Général nouriront et entretiendront lesdits pauvres enfans aprentifs, tant en santé que maladie, de tout ce qui leur sera nécessaire pendant le temps qu'ils seront avec ledit *Lourdet* en ladite maison de la Savonnerie, soit pour faire l'épreuve, ou pendant les six années de leur aprentissage, obligeront les médecins, apoticaires et chirurgiens dudit hôpital de s'y transporter toutes fois et quantes que l'avis sera donné ausdits sieurs directeurs qu'il y aura desdits aprentifs ou oficiers de ladite maison malades ou indisposés.

Les oficiers de ladite maison qui seront un chapelain, un concierge, un portier, deux garçons, lesquels deux garçons seront employés à faire les lits des enfans, les nettoyer eux et les dortoirs de ladite maison, et leur servir leurs vivres et alimens, y seront mis par l'ordre desdits sieurs Directeurs qui pourront, en cas de plainte ou manquement en leurs charges, les changer et en mettre d'autres en leur lieu ; des gages, nouritures et entretenement desquels lesdits sieurs Directeurs seront pareillement tenus ; lesquels oficiers seront, par subordination, soumis aux ordres desdits *Lourdet*, afin que lesdits enfans ayent plus de respect et obéissance pour leurs maîtres et que, tombant en faute, ils puissent les châtier, tant par le retranchement de leurs portions que de la liberté de sortir et entrer dans ladite maison ès jours et heures non convenables.

Lesdits *Lourdet* père et fils, et le survivant d'eux deux, jouiront de ladite maison de la Savonnerie et ses dépendances pendant dix-huit années prochaines, commençantes ce jourd'hui, atendu qu'il n'y a lieu que pour leur logement, celui des métiers desdits aprentifs et officiers, et ce en considération de l'instruction desdits pauvres enfans dont ils demeurent chargés, et de s'en acquiter de bone foi comme bon père de famille, sans que pour ledit logement et ocupation qu'ils feront des lieux de ladite maison, ils ou l'un d'eux soient tenus de payer aucune chose audit Hopital Général, sinon qu'ils entretiendront ladite maison, chapelle et dépendances d'icelle en bon état de menues réparations locatives et nécessaires.

Mais, afin que ledit Hôpital Général, qui demeure chargé de la nourriture et entretenement desdits enfans et oficiers et des gages desdits oficiers, recoive quelque avantage de leur travail, lesdits *Lourdet* père et fils, ensemblement et solidairement, ont promis et promettent bailler et payer audit Hôpital Général, ès mains du sieur receveur général d'icelui, la somme de cent trente-six livres pour chacun desdits aprentifs, dont il y aura cent livres qui tourneront au profit dudit Hôpital, et trente-six livres pour leur avoir un habit, en fin des six années de leur aprentissage; lesquels cent trente-six livres seront fournies par iceux *Lourdet* et le survivant d'eux deux ès mains dudit sieur receveur général, savoir : dans la troisième année d'aprentissage de chacun desdits enfans, la somme de vingt-cinq livres; dans la quatrième, trente livres; dans la cinquième, trente-six livres; et enfin dans la sixième, la somme de quarante-cinq livres; moyennant quoi, lesdits sieurs Directeurs feront délivrer à chacun desdits aprentifs qui auront parachevé leur aprentissage un habit de valeur de ladite somme de trente-six livres ou ladite somme en deniers comptans, au choix desdits sieurs Directeurs, ainsi qu'ils le trouveront plus à propos.

Lesdits *Lourdet* ayant témoigné audit sieur Colbert qu'il leur seroit nécessaire d'avoir un nouveau atelier en ladite maison, il a été convenu, en cas que Sa Majesté, sur ce qu'il lui sera represente par ledit sieur Surintendant des Batimens, ait la bonté d'en vouloir encore faire la dépense au profit et avantage des pauvres et dudit Hôpital Général, que lesdits *Lourdet* en jouiront comme des autres de ladite maison de la Savonnerie, sous les mêmes conditions d'entretenement de menues reparations, comme il est dit cy-dessus.

Lesdits sieurs Directeurs ayant droit d'aler tenir bureau en ladite maison, ainsi qu'ils ont acoutumé une ou deux fois par an ès autres maisons, membres et dépendances dudit Hôpital Général, lesdits sieurs *Lourdet* seront tenus de leur donner la chambre qui a vue d'un côté sur le Cours, et l'autre côté sur le petit jardin avec tables et sièges, papiers, plumes et encres nécessaires.

Il y aura deux desdits sieurs Directeurs du grand Hôpital Général qui auront l'administration de ladite maison de la Savonnerie en laquelle ils se transporteront toutes fois et quantes que bon leur semblera, ausquels lesdits *Lourdet* laisseront la liberté de ladite chambre et leur fourniront aussi tables, sièges, papier, plumes et encre, ainsi qu'il a été pratiqué cy devant, lesquels deux Directeurs seront choisis par le Surintendant général des Bâtimens, Arts et Manufactures de France, et, arivant leur décès, ou de l'un d'eux, ledit Hôpital Général déléguera pour ladite administration un ou deux autres Directeurs qui auront pareillement été choisis par ledit Surintendant; ausquels sieurs Directeurs, lesdits *Lourdet* et oficiers de ladite maison seront tenus de porter respect et honneur. Et prendront soin lesdits Directeurs que la célébration des messes qui se doivent dire en la chapelle de ladite maison et le service divin y soit aussi célébré avec catéchisme pour l'instruction desdits enfans et aprentifs, et les prières du matin et du soir observées, ainsi qu'il se pratique ès autres maisons dépendantes dudit Hôpital Général.

L'intention de Sa Majesté étant que lesdits pauvres enfans dudit Hôpital Général soient bien instruits esdites manufactures et ouvrages, et qu'ils employent utilement le tems de leur aprentissage, pour connoître le progrès qu'ils y feront et le génie qu'ils peuvent avoir, sera loisible au sieur Surintendant général d'envoyer en ladite maison pour chacun mois, et plus souvent s'il le juge nécessaire, un peintre de l'Académie royale, tel qu'il voudra choisir, auquel lesdits *Lourdet* et aprentifs feront voir les dessins et models sur lesquels ils travailleront pour leur donner les avis qu'il jugera convenables pour l'exécution d'iceux, et même aprendre à dessigner à ceux desdits aprentifs qu'il en jugera capables; car ainsi lesdites choses susdites ont été convenues, promises et acordées entre ledit sieur Colbert, lesdits sieurs Directeurs de l'Hôpital Général et sieurs *Lourdet* père et fils, en faisant et passant ces présentes, qui autrement n'auroient point été faites ny passées. Et pour l'exécution desdites présentes et dépendances lesdits sieurs Directeurs et lesd. *Lourdet* père et fils en la maison de la Savonnerie où ils sont de présent demeurans, ausquels ils veulent, consentent et accordent que tous les actes de justice qui y seront faits et signifiés valent et soient de même efet et valeur que si faits étoient à leurs propres personnes et vrais domiciles, nonobstant... promettant et obligeant...

Fait et passé, savoir : par led. s. Colbert, au château de Versailles où Sa Majesté est à présent, par lesd. sieurs directeurs de l'Hôpital Général, les sieurs *Lourdet,* en leur bureau en lad. maison et hôpital de la Pitié sise au faubourg Saint-Victor-lez-Paris l'an 1664, le dernier jour de mars, après midi, et ont signé la minute des présentes demeurée vers et en la possession de Le Foin, l'un des notaires soussignés [1].

XXXVII.

Lettres-patentes, en faveur de Simon Lourdet, de sa femme et de ses enfans, portant continuation dudit établissement (de la Savonnerie) pendant dix-huit années a commencer au 17 avril 1645 [2].

(Saint-Germain-en-Laye, 25 mars 1643.)

Louis, par la grace de Dieu Roy de France et de Navarre, à nos amés et féaux les gens tenans notre Cour de Parlement, Chambre de nos Comptes et Cour des Aydes à Paris, Salut. Notre cher et bien amé *Simon Lourdet*, entrepreneur de l'établissement en notre royaume de la manufacture des tapisseries de Turquie et autres ouvrages de Levant, nous a fait remontrer qu'en considération, tant de son industrie et du zèle qu'il a témoigné pour l'instruction des pauvres en cet établissement, que du bien qui en revient à nos sujets, nous lui permîmes, par arrêt de notre Conseil d'Etat du dix septième avril mil six cens vingt sept, de faire ledit établissement des manufactures d'ouvrages façon du Levant aux conditions portées par les articles dudit arrêt et pour le temps de dix huit années, que depuis ce temps-là il n'a point épargné les soins ni son travail pour l'instruction des pauvres auxdites manufactures et pour le progrès de cet établissement, ayant même fait recevoir plusieurs de ses apprentifs maîtres tapissiers en notre bonne ville de Paris ; mais il ne lui a pas été possible de porter cet établissement à sa perfection, ayant été presque toujours traversé et

---

1. Archives nationales, O¹ 1055, p. 277-98. — Vu sa date, la pièce qu'on vient de lire aurait dû être placée après les lettres-patentes de 1643 et de 1654, publiées sous les nᵒˢ XXXVII et XXXVIII.
2. Archives nationales, O¹ 1055, fᵒ 115-21. Cette pièce aurait dû précéder le contrat de 1664 auquel elle est antérieure de dix-neuf années.

distrait de son travail par les procès que les M⁰ˢ tapissiers, courtepointiers et marchands merciers grossiers et autres de notredite ville, qui se prétendent intéressés audit établissement, lui ont suscités, et ce qui l'a le plus empêché de parvenir à sa fin à été que notre volonté, exprimée par ledit arrêt de notre Conseil et autres donnés en conséquence, n'a pas été exécutée, spécialement en deux chefs principaux, à savoir: pour le nombre des enfans que nous avions ordonné lui être donné par les administrateurs des hôpitaux de notredite ville, et pour les lieux commodes que nous avions ordonné lui être délivrés; étant porté par lesdits arrêts, à l'égard des enfans, qu'il en instruiroit continuellement jusqu'au nombre de cent; mais ceux qui ont cherché à ruiner son dessein ont toujours empêché qu'il n'en eût cette quantité et lui ont débauché les mieux instruits de ceux qu'il a eu avant que le temps de leur apprentissage fût achevé, les ont envoyé travailler en Angleterre, ont fait travailler en des maisons particulières, et d'autres s'en sont fuis sans que ledit *Lourdet* en aye jamais pu tirer raison. Et pour ce qui concerne les lieux commodes que nous avions destinés, nous avions fait acheter de nos deniers la maison de la Savonnerie près Chaillot, pour être employée audit établissement, comme il est porté par les titres d'acquisition de ladite maison, et toutes fois l'on y a logé depuis des petits enfans inutiles à ladite manufacture à cause de leur bas âge, établi des écoles, placé des tisserants et autres métiers différends de la manufacture dudit *Lourdet*, qui occupent une bonne partie des lieux qui seroient nécessaires pour la commodité dudit établissement, et sans quoi il est impossible de le perfectionner, les enfans qu'il instruit étant logés fort à l'étroit, et ne pouvant loger dans les lieux qu'il occupe ceux qui lui sont nécessaires, ni dresser tous les métiers dont il a besoin pour l'emploi de ses ouvriers; n'ayant pas aussi les lieux qu'il lui faut pour faire teindre et préparer les laines et pour les autres choses nécessaires audit art, de sorte que le temps de dix-huit années que nous lui avions accordé pour faire ledit établissement s'étant presque tout écoulé sans qu'il ait pu faire paraître les avantages dudit établissement.

Il nous a très humblement suplié de lui continuer le temps dudit établissement pour autres dix-huit années à commencer du jour qu'expireront celles que nous lui avons déjà accordées, et de remédier par notre autorité aux contraventions et inconvéniens susdits afin qu'il puisse commodément établir par tout notre royaume ladite manufacture sous notre protection et mettre ses ouvrages en la recommandation qu'ils méritent.

A ces causes et autres à ce nous mouvans, considérant la beauté et utilité dudit établissement, et que par le moyen d'icelui les étrangers pourront être obligés à venir chercher en notre royaume ce que nos sujets tiroient de chés eux; que plusieurs pauvres valides qui demeurent oisifs dans les hôpitaux seront employés, et beaucoup d'entr'eux se rendront capables de gagner honnestement leur vie; après avoir fait voir en notre Conseil ledit arrêt et articles du 17 avril 1627, autre arrêt du Conseil du premier décembre 1629, les titres d'acquisition de ladite maison de la Savonnerie, et autres justificatives de ce qui est exposé ci-dessus, Nous avons accordé et accordons par ces présentes, signées de notre main, audit *Simon Lourdet*, la continuation dudit établissement de la manufacture des tapis façon de Turquie et autres ouvrages de Levant pour le temps de dix-huit années à commencer du jour, 17 avril 1645, qu'expireront les autres dix-huit années que nous lui avions ci-devant accordées, pour exercer par ledit *Lourdet,* sa femme et enfans, ladite manufacture, et jouir dudit établissement durant ledit temps, aux charges, conditions, dons, privilèges et libertés portés par ledit arrêt et articles de 1637, et, conformément à iceux, voulons et ordonnons que la pension de 1,500 livres, que nous lui avons accordée, soit payée et continuée à lui ou à sa femme et enfans durant ledit temps en entretenant ledit établissement, et soit prise sur le même fonds qu'elle lui a été payée jusqu'à présent. Entendant en outre qu'il soit mis ès mains dudit *Lourdet* le nombre de cent enfans valides pour être par lui instruits audit art et manufacture, lesquels enfans seront par lui choisis en tous les hôpitaux de ladite ville et faubourg de Paris; ordonnons aux administrateurs d'iceux d'avoir soin par eux ou par tels qu'ils comettront, de faire continuellement nourir et entretenir lesdits enfans, comme il est convenable, des deniers par nous octroyés pour la nouriture et entretenement des pauvres enfermés et pour l'entière commodité dudit établissement, et faire que la manufacture dudit *Lourdet* ne soit point empêchée. Nous voulons et ordonnons qu'il lui soit donné et délaissé, et aux siens qui auront soin de ladite manufacture; les lieux nécessaires à cet effet en ladite maison de la Savonnerie pendant ledit tems de dix-huit années consécutives, comme dit est. Si vous mandons que ces présentes vous ayés à faire lire, publier et enregistrer, et le contenu en icelles garder et observer selon leur forme et teneur, cessant et faisant cesser tous troubles et empêchemens au contraire, car tel est notre plaisir. Donné à Saint-Germain-en-Laye le 25ᵉ jour de mars, l'an de grace mil six cens quarante trois et de notre règne le trente troisième. Signé : Louis, et plus bas : par le Roy, Sublet, et scellé du grand sceau de cire jaune sur simple queüe.

XXXVIII.

Lettres patentes, qui prorogent pendant vingt années au sieur Dupont, tapissier, les privilèges accordés pour dépenses et ouvrages faits a la manufacture de tapisserie, la pension de 1,500 livres et le logement aux Galleries du Louvre [1].

(31 décembre 1654.)

Louis, par la grace de Dieu Roy de France et de Navarre, à nos amés et féaux conseillers les gens de nos Comptes à Paris, Salut. Notre cher et bien amé *Louis Dupont*, tapissier en l'art et façon des ouvrages de Turquie, nous a fait remontrer qu'Antoinette Cadet, veuve de *Pierre Dupont*, vivant tapissier audit art, ses père et mère, ne voulant contribuer aux frais et dépenses de la manufacture desdits ouvrages de tapisserie dont même elle auroit été déchargée, Nous aurions pour cette raison, par nos Lettres-patentes du 31 décembre mil six cens cinquante, maintenu et gardé ledit exposant en ladite manufacture, honneurs, privilèges, exemptions, pension de quinze cens livres par chacun an, et logement en nos Galleries du Louvre, à cause d'icelles, pendant vingt années qui ont commencé dès le 20 avril mil six cens trente neuf que finissoit le tems porté par les Lettres accordées audit feu *Dupont*, son père, pour en jouir seul à l'avenir durant ledit tems, sans que ladite veuve, sa

[1]. Arch. nat., O¹ 1055, p. 189-97.

mère, ses autres héritiers et créanciers, y puissent rien prétendre ; de l'effet desquelles Lettres l'exposant a paisiblement jõui comme il fait encore ; mais pour ce que, par votre arrest de registrement d'icelle du huitième mars mil six cens cinquante un, vous avés contre notre vouloir et intention restraint ledit tems pour six années seulement, il s'est retiré par devers nous et très humblement suplié, atendu l'exellence desdits ouvrages que feu son père et lui ont rendu [si] communs par leur industrie qu'en pays étrangers, où ils se transportent, on ne dit plus : façon de Turquie, mais façon de France ; qui est d'autant plus riche et l'exposant recommandable, [vu] les grandes avances et dépenses qui lui a convenu et convient faire journellement, de lui vouloir sur ce pourvoir et ôter non seulement ladite restriction et modiffication, mais prolonger ledit tems d'autres vingt années à commencer du jour que ledit tems sera expiré, pour lui donner moyen de subsister, et sa famille, et éviter leur ruine et lui en accorder nos Lettres sur ce nécessaires. A ces causes, après avoir fait venir en notre Conseil les susdites Lettres, votre arrest et autres pièces concernant ladite manufacture attachées sous le contre scel de notre Chancellerie, désirant pour les considérations susdites favorablement traiter ledit exposant et lui donner moyen de continuer ladite manufacture pour le bien et utilité de nous et de nos sujets ; vous mandons et enjoignons par ces présentes signées de notre main, que voulons vous servir de première, seconde et finale jussion, que, sans vous arrester à votre arrest et aux causes modifiées d'icelui, vous ayés à procéder à la vérification pure et simple de nosdites Lettres, sans y faire aucune difficulté, et à le faire jouir de l'effet d'icelles durant le tems y nommé, et en outre d'autres vingt années que nous lui avons, pour lesdites considérations, de nos grace spéciale, pleine puissance et autorité royale, accordé, continué et prolongé, accordons, continuons et prolongeons, pour en jouir les années restantes desdites vingt années et de vingt années que nous lui accordons présentement, tout ainsi que sondit père et lui en ont bien et duement joui, et jouit encore l'exposant, avec les honneurs, privilèges, exemptions, pension de quinze cens livres par chacun an, et logement en nos Galleries du Louvre durant ledit tems, sans que ladite veuve, sa mère, ses autres héritiers et créanciers y puissent rien prétendre, à la charge d'entretenir par ledit exposant ladite manufactūre à ses frais et dépens ; et en outre, voulons et entendons qu'arivant le décès dudit *Dupont*, sa veuve et celui de ses enfans qui continueront l'exercice dudit art et manufacture soient maintenus et conservés audit logement et atelier en nôtre Gallerie du Louvre, ensemble en ladite pension de quinze cens livres, et des autres dons, privilèges et exemptions plus au long spécifiés par lesdits articles et arrest ci dessus mentionnés. Si vous mandons que ces présentes vous ayés à faire registrer et du contenu en icelles faire jouir ledit exposant plainement et paisiblement durant lesdites années restantes et celles que nous lui accordons présentement, cessant et faisant cesser tous troubles et empêchemens à ce contraires, car tel est notre plaisir. Donné à Paris, le dernier jour du mois de décembre l'an de grace mil six cens cinquante quatre, et de notre règne le douzième. Signé : Louis; par le Roy. Signé : DE GUÉNÉGAUD.

Registrées, etc.......

XXXIX.

LETTRES-PATENTES CONFIRMANT PHILIPE ET SIMON LOURDET DANS LEURS PRIVILÈGES DE LA MANUFACTURE DES TAPISSERIES DE LA SAVONNERIE [1].

(21 novembre 1667.)

Louis par la grâce de Dieu Roy de France et de Navarre, à tous ceux qui ces présentes Lettres veront, Salut. Notre bien amé *Philipes Lourdet*, l'un de nos tapissiers ordinaires, nous a fait remontrer que, dès l'année 1627, *Simon Lourdet*, son père, aussi notre tapissier ordinaire, auroit établi dans notre royaume la manufacture des tapisseries façon de Turquie et autres ouvrages du Levant, et que par contrat fait et passé entre nous, d'une part, et les Directeurs de l'Hospital Général de notre bonne ville de Paris, sondit deffunt père et l'exposant, son fils, d'autre, le dernier mars 1664, il a été rétabli dans la maison de la Savonnerie size au fauxbourg de la Conférence, dépendant dudit Hospital Général, et d'autant que ledit exposant est

1. Arch. nat., O[1], 1055, p. 312-6.

instruit dès son bas âge dans les mêmes manufactures dont son
deffunt père avoit fait les établissemens, et que, par quantité de
beaux ouvrages, il nous a donné et au public des preuves de
son industrie et de l'afection qu'il a à notre service, il nous a
très humblement fait suplier le rendre participant des mêmes
graces, privilèges et avantages que nous avons accordés à feu
son père, et confirmer en sa faveur ledit contrat du dernier
mars mil six cens soixante quatre et lui accorder nos Lettres
à ce nécessaires. A ces causes, voulant non seulement continuer lesdites manufactures, mais encore les porter à leur plus
grande perfection, de l'avis de notre Conseil qui a vu lesdites
Lettres portant concession des privilèges audit deffunt *Lourdet*,
celles du treize octobre 1664, arrêts, brevets et autres Lettres
donnés en conséquence, ledit contrat du dernier mars 1664,
le tout cy ataché sous le contre scel de notre Chancellerie, et de
notre grace spéciale, pleine puissance et autorité royale, Nous
avons ratifié, confirmé et aprouvé et par ces présentes signées
de notre main, ratifions, confirmons et aprouvons les privilèges
acordés audit deffunt *Simon Lourdet*, ensemble ledit contrat du
dernier mars 1664, et, en conséquence, voulons et nous plaît
que ledit *Lourdet*, exposant, jouisse des mêmes privilèges,
exemptions, franchises, libertés, dons, pensions et immunités
portés par iceux, par nous acordés à sondit père, et voulons
qu'ils soient exécutés à son profit selon leur forme et teneur.
Si donnons en mandement à nos amez et féaux conseillers les
gens tenans nos cours de Parlement, Chambre de nos Comptes
et ceux des Aydes, à Paris, et à tous autres nos oficiers, chacun
en droit soi, ainsi qu'il apartiendra, que ces présentes ils fas-
sent registrer, garder et observer, et de leur contenu jouir et
user ledit exposant et les siens pleinement et paisiblement, sans
permettre qu'il leur soit fait, mis ou donné aucun empeschement, nonobstant toutes choses à ce contraires ausquelles nous
avons dérogé et dérogeons par lesdites présentes, aux copies
desquelles collationnées par l'un de nos amés et féaux conseillers et secrétaires, nous voulons que foi soit ajoutée comme
au présent original, car tel est notre plaisir. En témoin de
quoi, Nous avons fait mettre notre scel à cesdites présentes
données à Paris le vingt unième jour de novembre l'an de
grace mil six cens soixante et sept, et de notre règne le vingt

cinquième, signé : Louis. Et sur le repli, par le Roy, signé : DE GUÉNÉGAUD, et scellé du grand-sceau.

Et à coté est écrit : registrées, ouï le procureur général du Roy, pour jouir par l'impétrant de l'effet y contenu selon leur forme et teneur, à Paris, en Parlement, le dix sept avril mil six cens soixante et huit. Signé : DU TILLET.

Et sur le même repli est aussi escript : Registrées en la Chambre des Comptes, ouï le procureur général du Roy, pour jouir par l'impétrant de l'effet et contenu en icelles, selon leur forme et teneur, suivant l'arrêt sur ce fait, le 4ᵉ juin 1668. Signé : RICHER.

Et sur ledit repli est encore écrit : Registrées en la Cour des Aydes, ouï le procureur général du Roy pour être exécutées selon leur forme et teneur. A Paris, en ladite Cour des Aydes, le 17ᵉ de septembre 1668. Signé : BOUCHER.

TABLE DES MATIÈRES.

	Pages
Préface.	I
INTRODUCTION.	V
STROMATOURGIE ou de l'excellence de la manufacture des tapits dits de Turquie, etc.	1
Dédicace à Charles de Laubespine.	3
L'Imprimeur au lecteur.	7
Sonnet.	8
I. PARTERRE. Définition du mot *Stromatourgie*.	9
II. PARTERRE. De l'antiquité et excellence des Tapis ou Parterres.	11
III. PARTERRE. Quelles choses sont nécessaires pour bien et deuement establir cette Stromatourgie et la maintenir.	24
IV. PARTERRE. Comment et par qui laditte Stromatourgie a esté introduicte en France	36
Élégie sur un tableau faict d'ouvrage de Turquie, etc.	41
ANNEXES.	43
I. Dédicace de la deuxième édition de la Stromatourgie, à messire Pierre Séguier, garde des sceaux.	45
II. Premier factum.	47
III. Brevet du Roi (Paris, 4 janvier 1608).	49

IV. Lettres patentes (22 décembre 1608)	50
V. Certificat du sieur de Fourcy (27 novembre 1615).	51
VI. Exemption d'aller à la garde des portes donnée par le Roy en faveur des ouvriers demeurans en sa gallerie (mars 1617).	52
VII. Sentence d'enregistrement dudit brevet donnée en l'Hôtel-de-Ville de Paris (13 juillet 1622) .	53
VIII. Acte d'association de Pierre Dupont et de Simon Lourdet (5 septembre 1626).	54
IX. Requête au Roi (septembre 1626).	55
X. Advis de Monsieur le lieutenant de police et prevost des marchands et de Monsieur le procureur du Roy au Chastelet de Paris (6 février 1627)	63
XI. Advis de M. de Fourcy, surintendant des bâtimens et manufactures (16 février 1627). .	65
XII. Arrêt du Conseil d'État (Paris, 17 avril 1627) avec ses divers enregistrements de 1630 à 1634.	68
XIII. Extrait des registres du Conseil d'État. . .	75
XIV. Requête presentée pour l'homologation de l'arrêt du Conseil d'État (sans date). . . .	76
XV. Lettres-patentes du Roi (28 août 1628) . . .	»
XVI. Extrait des registres du Parlement (9 mars 1630).	»
XVII. Extrait des registres du Conseil d'État (18 avril 1630).	79
XVIII. Extrait des registres du Conseil d'État (Grenoble, 6 juillet 1630).	80
XIX. Lettres d'attache des trésoriers de France (12 novembre 1630)	81
XX. Lettres-patentes adressantes à la Chambre des Comptes (Fort Barrault, 2 août 1630). . . .	82
XXI. Arrêt de la Chambre des Comptes (23 décembre 1630)	»
XXII. Brevet du Roy pour la salle neufve bastie des deniers de Sa Majesté pour l'establissement de la manufacture des tapis de Turquie (23 janvier 1631).	84
XXIII. Requête de Pierre Dupont à la Chambre des Comptes.	85

XXIV. Arrêt de la Chambre des Comptes (20 février 1631)............	88
XXV. Factum pour servir d'instruction pour le différend pendant par devant Nosseigneurs du Parlement entre Pierre Dupont et Simon Lourdet............	89
XXVI. Extrait des registres du Parlement (21 mars 1631)............	96
XXVII. Lettres de jussion à la Chambre des Comptes (17 mai 1631)............	»
XXVIII. Extrait des registres du Conseil d'État (13 mai 1632)............	97
XXIX. Requête au Roi et à Nosseigneurs de son Conseil............	98
XXX. Extrait des registres du Conseil d'État (Paris, 9 mars 1634)............	99
XXXI. Extrait des registres du Conseil d'État (Paris, 27 mars 1634)............	100
XXXII. Requête au Roy et à Nosseigneurs de son Conseil............	103
XXXIII. Factum de Pierre Dupont pour servir d'instruction au différend pendant entre Pierre Dupont et Simon Lourdet............	104
XXXIV. Brevet du Roy (Saint-Maur-des-Fossez, 30 septembre 1637)............	122
XXXV. Lettres-patentes à Messieurs de la Chambre des Comptes (Saint-Germain-en-Laye, 24 novembre 1637)............	124
XXXVI. Contrat portant établissement de la Savonnerie en faveur de Philippe Lourdet et de Simon Lourdet (31 mars 1664).......	»
XXXVII. Lettres-patentes en faveur de Simon Lourdet, de sa femme et de ses enfans, portant continuation dudit établissement (de la Savonnerie), pendant dix-huit années, à commencer du 17 avril 1645 (Saint-Germain-en-Laye, 25 mars 1643)............	132
XXXVIII. Lettres-patentes qui prorogent au sieur Dupont, tapissier, pendant vingt années, les	

privilèges accordés pour dépenses et ouvrages faits à la manufacture de tapisserie, la pension de 1,500 livres et le logement aux galeries du Louvre (31 décembre 1654)   135

XXXIX. Lettres de confirmation de Philippe et de Simon Lourdet dans leurs privilèges de la manufacture des tapisseries de la Savonnerie (21 novembre 1667)   137

Table des matières   141

PUBLICATIONS

DE LA SOCIÉTÉ DE L'HISTOIRE DE L'ART FRANÇAIS.

Nouvelles Archives de l'Art français, recueil de documents inédits.

1re SÉRIE.

I. Année 1872 (1re année); prix du volume pour les non-souscripteurs.   25 fr.
II. Année 1873 (2e année).   20 fr.
III. Année 1874-75 (3e année).   20 fr.
IV. Année 1876 (4e année).   15 fr.
V. Année 1877 (5e année).   15 fr.
VI. Année 1878 (6e année).   15 fr.

2e SÉRIE.

I. Année 1879-80 (7e année), t. VII.   15 fr.
II. Année 1880-81 (8e année), t. VIII.   15 fr.

Mémoires pour servir à l'histoire des Maisons royales et Bastimens de France, par André Félibien, publiés pour la première fois d'après le manuscrit de la Bibliothèque nationale. 1 volume in-8°, 1873.   8 fr.

Procès-verbaux de l'Académie royale de peinture et de sculpture (1648-1793), publiés, avec l'autorisation de M. le Ministre de l'Instruction publique, d'après les registres originaux conservés à l'École des Beaux-Arts.

1er volume, 1648 à 1672 (1875).   10 fr.
2e volume, 1673 à 1688 (1878).   10 fr.

3ᵉ volume, 1689 à 1704 (1880). 10 fr.
4ᵉ volume, 1705 à 1725 (1881). 10 fr.

Les Comptes des Bâtiments du Roi (1528-1571), suivis de documents inédits sur les châteaux royaux et les beaux-arts au xvıᵉ siècle, recueillis et mis en ordre par le marquis Léon de Laborde, publiés par la Société de l'histoire de l'art français. 2 vol. 1877-1880. 25 fr.

Etat civil d'artistes français. Billets d'enterrement ou de décès, depuis 1823 jusqu'à nos jours, réunis et publiés par M. Hubert Lavigne. 1 vol. in-8°. 1881. 6 fr.

Mémoires inédits de Charles-Nicolas Cochin sur le Comte de Caylus, Bouchardon, les Slodtz, publiés d'après le manuscrit autographe par M. Charles Henry. 1 vol. in-8°. 1880. 8 fr.

La Stromatourgie ou de l'excellence de la manufacture des tapits dits de Turquie nouvellement establie en France sous la conduite de noble homme Pierre Dupont, publiée par MM. A. Darcel et J. Guiffrey d'après l'exemplaire unique de la Bibliothèque nationale, avec de nombreuses pièces inédites, recueillies dans le manuscrit des Archives. 6 fr.

Nota. — Ces dix-sept volumes seront délivrés aux nouveaux membres de la Société pour 1882, avec le *Bulletin* trimestriel (publié de 1875 à 1878 et qui ne se vend pas séparément), pour le montant de la cotisation de neuf années, soit 180 fr.

COLLECTION

DE TRAVAUX SUR L'ART FRANÇAIS

PUBLIÉS PAR LEURS AUTEURS SOUS LE PATRONAGE

DE LA SOCIÉTÉ.

1. Actes d'État-civil d'artistes français, peintres, graveurs, sculpteurs, architectes, extraits des registres de l'Hôtel-de-Ville de Paris, détruits dans l'incendie du 24 mai 1871, par H. Herluison. 1873, 1 vol. in-8°, tiré à petit nombre.   20 fr.
Le même ouvrage, papier de Hollande.   30 fr.

2. Lettres de noblesse et décorations accordées aux artistes en France pendant le xviie et le xviiie siècle, par J. J. Guiffrey. 1873, 1 vol. in-8°. (*Tirage à part à 50 exemplaires.*)   3 fr.

3. Notes et documents inédits sur les expositions du xviiie siècle, recueillis et mis en ordre par J. J. Guiffrey. 1873, 1 vol. in-12, tiré à petit nombre.   10 fr.

4. Notice sur Jacques Guay, graveur sur pierres fines du roi Louis XV, documents inédits émanant de Guay et notes sur les gravures en taille-douce et en pierres fines de la marquise de Pompadour, par J.-F. Leturcq. 1873, 1 vol. in-8° avec 12 planches, reproduisant la plupart des œuvres de Guay, tiré à 300 exemplaires.   12 fr. 50

5. Éloge de Lancret par Balot de Sovot, accompagné du catalogue de ses tableaux et de ses estampes, de notes et de pièces inédites, le tout réuni et publié par J. J. Guiffrey. 1874, in-8°. Tiré à 200 exemplaires sur papier de Hollande.   9 fr.

6. Noel Le Mire et son œuvre, suivi du catalogue raisonné de l'œuvre de son frère Louis Le Mire et de plusieurs tables, avec un portrait à l'eau-forte et des bois inédits, par Jules Hédou. 1875, 1 vol. in-8° tiré à 300 exempl. sur papier de Hollande.   25 fr.
Le même ouvrage, papier Whatman, avec double épreuve du portrait et des bois (50 exemplaires).   35 fr.

7. Livret de l'Exposition du Colisée (1776), suivi de l'exposition ouverte à l'Elisée en 1797 et précédé d'une histoire du Colisée d'après les mémoires du temps, avec une table des artistes qui prirent part à ces deux expositions ; complément des livrets de l'Académie royale et de l'Académie de Saint-Luc. 1875, in-12. 215 exemplaires sur papier vergé.   3 fr.
10 sur papier de Hollande.   6 fr.
5 sur papier de Chine.   10 fr.

8. Sébastien Le Clerc et son œuvre (1637-1714) par M. Édouard Meaume. Ouvrage couronné par l'Académie de Metz. 1877, grand in-8° de 338 pages, sur papier vergé de Hollande, tiré à 205 exemplaires. 18 fr.

9. La famille des Juste en Italie et en France par Anatole de Montaiglon. 1876-7, in-4° de 76 pages, sur papier de Hollande, avec 14 figures dans le texte (tirage à part de la *Gazette des Beaux-Arts* à 50 exemplaires, dont 30 seulement mis en vente). 12 fr.

10. Notice sur Jacques Neilson, entrepreneur et directeur des teintures de la manufacture royale des tapisseries des Gobelins au xviii° siècle, par Albert Curmer. 1878, in-8° (tiré à 125 exemplaires). 4 fr.

11. Jean le Prince et son œuvre (1734-1781), par Jules Hédou, ouvrage comprenant une notice biographique, le catalogue de l'œuvre de l'artiste, le secret de son procédé de gravure au lavis et nombre de documents inédits, avec portrait à l'eau-forte par A. Gilbert. 1879. 1 vol. in-8, tiré à 300 exemp. sur papier de Hollande. 20 fr.

Le même ouvrage, papier Whatman, avec double épreuve du portrait, tiré à 50 exemplaires. 30 fr.

12. Les Orfèvres de Paris en 1700. Procès-verbaux de visites et déclarations faites en exécution de l'édit du mois de mars 1700, publiés et annotés par M. J. J. Guiffrey. 1879, in-8°. (Tirage à part à 100 ex. du *Bulletin de l'Union centrale*.) 3 fr.

13. Les Artistes Angevins, peintres, sculpteurs, maîtres d'œuvres, architectes, graveurs, musiciens, d'après les Archives Angevines, par Célestin Port. 1881. In-8° de 333 p., tiré à 100 exemplaires. 15 fr.

Et à 20 exemplaires sur papier de Hollande. 25 fr.

Nota. — Aux termes de l'art. XVII des statuts, les membres de la Société de l'Histoire de l'Art français jouissent d'une remise de vingt pour cent sur le prix des ouvrages publiés dans cette collection, en adressant directement leurs demandes au libraire de la Société.

Imprimerie Daupeley-Gouverneur, à Nogent-le-Rotrou.

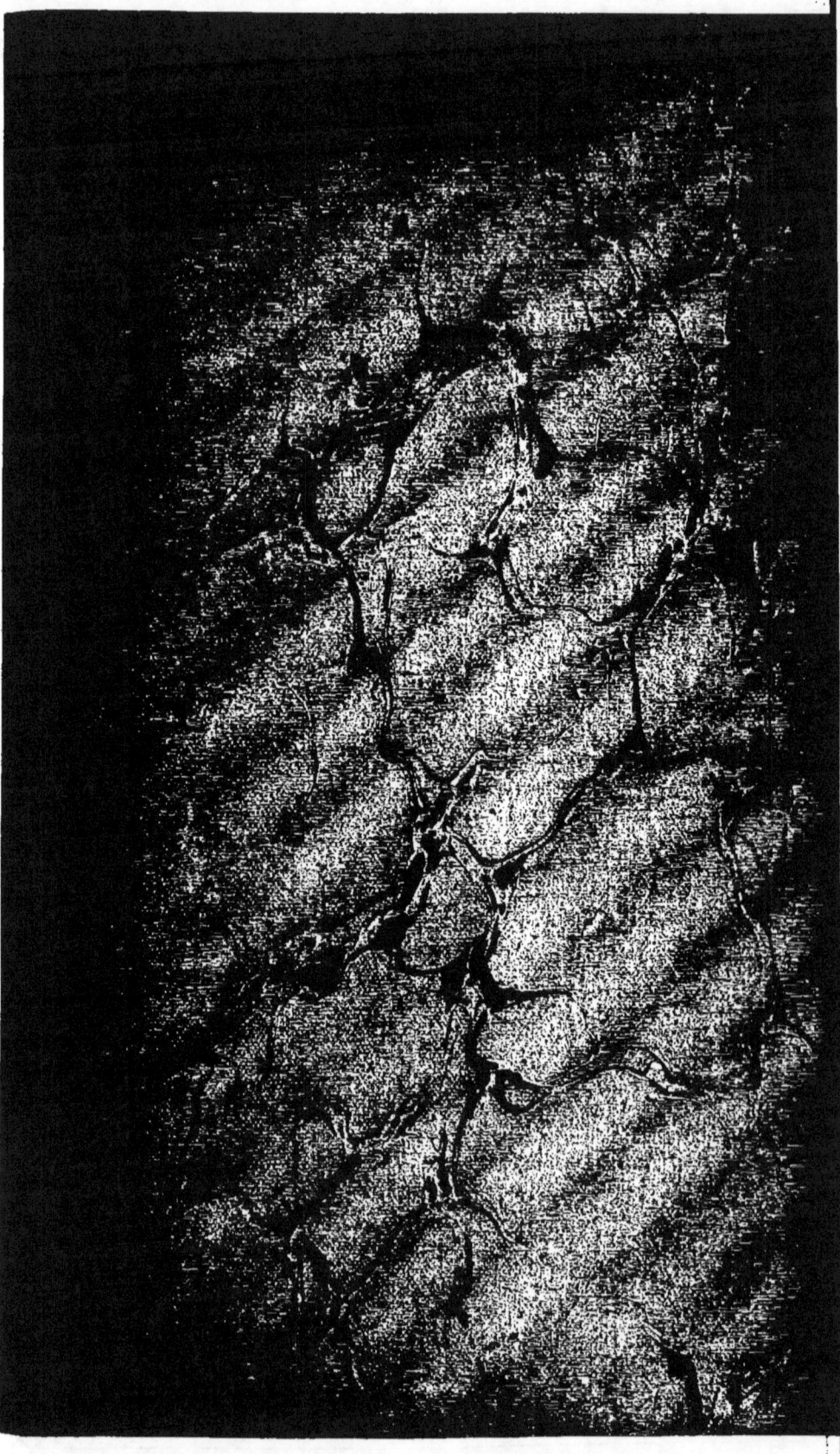

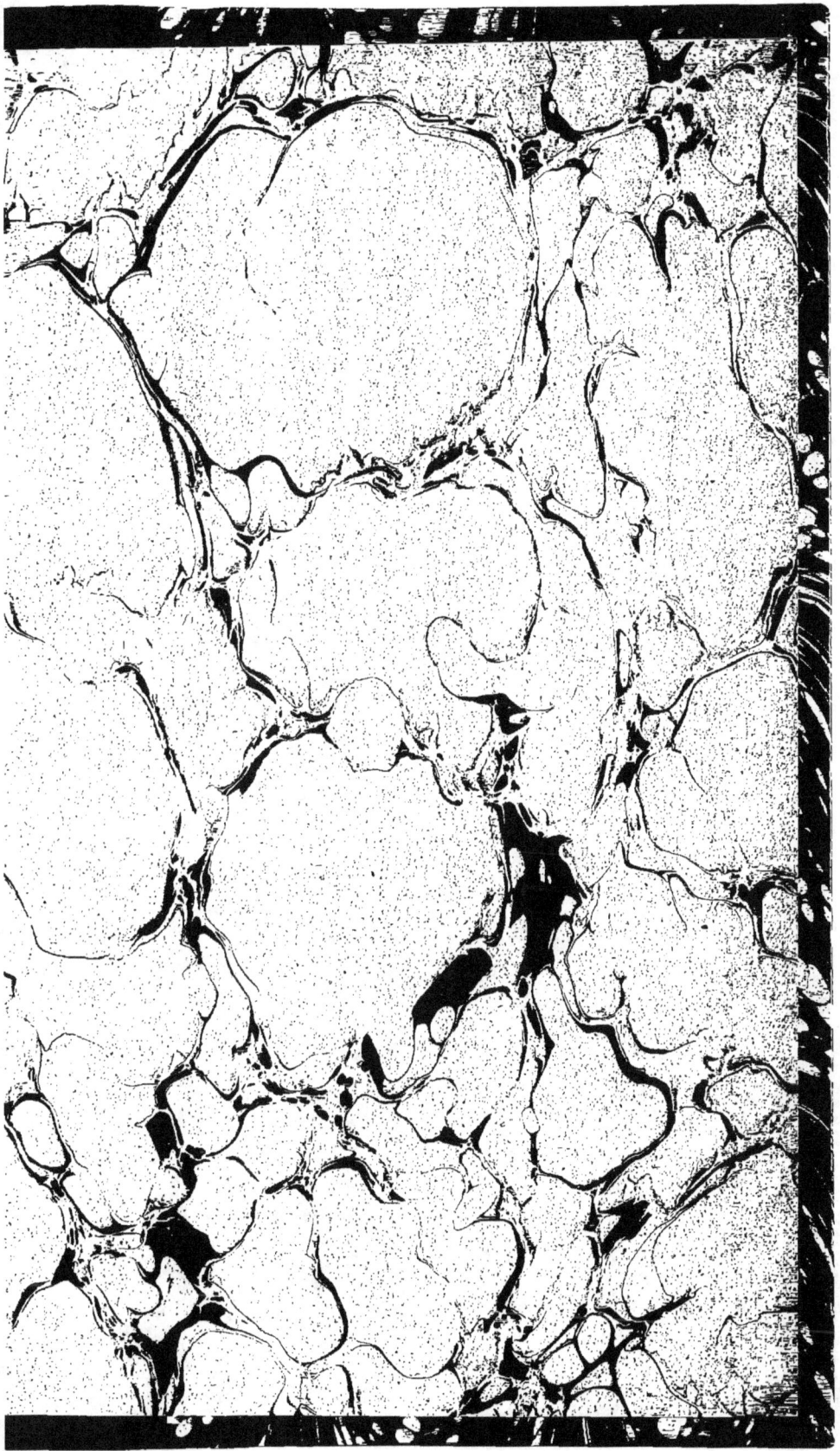

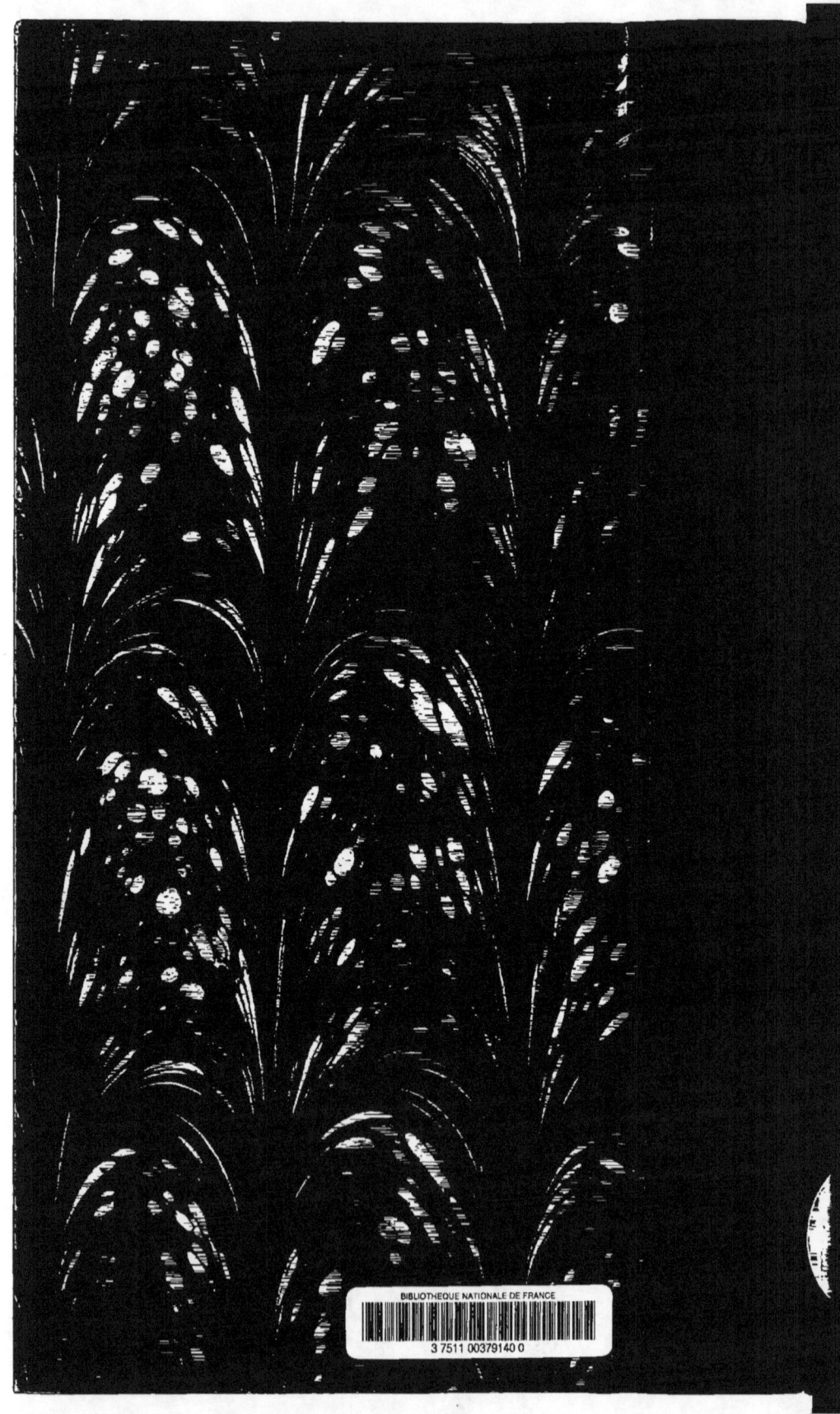